Ich heiße Ralph Ronneberger und gehöre, wie man oben unschwer erkennen kann, bereits zu den etwas „älteren Semestern".

Das Schreiben zählte schon immer zu meinen Hobbys. Durch meine Tätigkeit als Redakteur auf der Literaturplattform „Leselupe" bin ich zur Kurzgeschichte gekommen. Davon möchte ich hier eine kleine Auswahl vorstellen. Zur Auflockerung habe ich noch ein paar meiner Gedichte eingestreut. Es handelt sich alles in Allem um sogenannte „leichte Kost", denn ich möchte meine Leser vor allem unterhalten.

In „Liebe, Sex und Kurioses" mischen sich Erfahrung und Phantasie zu einem Mix, den Sie sich in aller Ruhe – vielleicht bei einem Glas guten Rotwein – zuwenden können. Dabei werden Sie erfahren, dass Liebe und Sex auch oder gerade in kuriosen Situationen eine wichtige Rolle spielen können.

In diesem Sinne– Zum Wohl!

Ralph Ronneberger

Liebe, Sex und Kurioses

Kurzgeschichten und Gereimtes

Herausgeber: Name oder Institution (optional)
Autor: Ralph Ronneberger,
Umschlaggestaltung: Ralph Ronneberger

Verlag: tredition GmbH, Hamburg
ISBN: 978-3-8495-9580-7 (Paperback)
ISBN: 978-3-8495-9581-4 (Hardcover)
ISBN 978-3-8495-9582-1 (e-Book)
Printed in Germany

Inhaltsverzeichnis

Rubbelstielchen

Mitten im Wald, dort wo er am dichtesten ist und wo die Wege zu dürftigen Trampelpfaden verkümmern, spätestens dort wird der einsame Wanderer von einem Schild aufgehalten, das ihn zur Umkehr auffordert.

TOTALRESERVAT
Betreten verboten!

So steht es in großen schwarzen Lettern auf lindgrünem Grund.

Der junge Mann, der an diesem warmen Sommer-Nachmittag dort ankam, scherte sich nicht um das Verbot, sondern schritt zügig weiter. Er folgte kaum erkennbaren Pfaden, turnte über herumliegendes Totholz, sprang geschickt über unzählige Wurzeln und gelangte so schließlich an einen wild dahin gurgelnden Bach.

Er folgte dem felsigen Bett, bis er schließlich zu einem reichlich mannshohen Wasserfall kam. Rasch entledigte er sich seiner Schuhe und Strümpfe und watete direkt auf die in breiter Front herab stürzenden Wassermassen zu.

Ein winziges Zögern, dann ein entschlossener Schritt, begleitet von einem „Scheiße, ist das kalt!", dann war er bereits durch den Schleier aus Wasser und Gischt hindurch.

Und siehe da! Im Felsen fand sich eine, hinter der Wasserwand verdeckte Öffnung, die sich als Eingang zu einem engen, leicht aufwärts führenden Gang entpuppte, den der Mann nun betrat.

Gebückt ging er einige Schritte weiter, ehe er halb-laut „Hallo!" rief und für einen Moment horchend verharrte.

„Ja, ich bin zu Hause", kam es krächzend zurück.

Der Mann setzte seinen Weg fort und gelangte bereits nach wenigen Metern in eine zwar niedrige, aber durchaus geräumige Höhle. Durch zwei schmale Felsspalten fiel etwas Licht in den Raum und malte helle Kringel auf die Platte eines klobigen Tisches, um den drei aus Weidengeflecht gefertigte Sessel gruppiert waren. Auf einem dieser rustikalen Sitzmöbel saß ein kleines schrumpeliges Männchen, das jetzt den Kopf hob, seine ausgefranste Jacke zurecht zupfte und dem Eintretenden freundlich entgegen blinzelte. Ächzend schob es sich von seinem Sitz.

„Hallo Maik! Schön, dass du gekommen bist. Hast du das Buch mitgebracht?"

Der Angesprochene nickte und ging auf den Hausherren zu, um ihm die Hand zu schütteln. Er musste sich dabei sogar ein wenig bücken, denn das alte Männchen reichte ihm gerade mal bis zum Bauch-nabel.

„Nimm Platz. Darf ich dir einen Tee anbieten?"

„Ja gern", sagte Maik höflich.

Der Alte hinkte davon und verschwand hinter einem Vorhang aus dickem Filz.

Maik war nicht zum ersten Mal hier und besaß daher keinen Blick für die verschiedenfarbigen Felle, die den Fußboden bedeckten und die Wände zierten. Er blätterte vielmehr suchend in dem mitgebrachten Buch und ließ es dann aufgeschlagen liegen.

Der Alte kam mit einem zerbeulten Teekessel zurück und goss vorsichtig die bereitstehenden Tassen randvoll.

„So. Dann wollen wir mal. Ist es das?"

Damit zog er den dicken Wälzer an sich und machte es sich wieder in dem Sessel bequem.

„Zumindest handelt die Geschichte von einem einsamen Zwerg", sagte Maik und wagte ein heimliches Grinsen. „Aber lies selbst."

„Rum... pel... stilz... chen", buchstabierte der Alte.

Dann vertiefte er sich in den Text. Schon bald fing er an, heftig mit dem Kopf zu wackeln.

„Von wegen, Müllerstochter", grunzte er verächtlich. „Ihr Vater war weiter nichts als ein versoffener Knecht."

Er schien immer erregter zu werden, denn die giftig genuschelten Kommentare rissen nicht mehr ab. Mit jedem Satz, den er las, schwollen seine Stirnadern gefährlicher an. Schließlich ließ er das Buch mit einem lauten Knall zuschlagen.

„Das ist eine bodenlose Frechheit!", schnappte er aufgebracht. „Aber so ist das eben in unseren Gefilden. Jeder, der sich von der Normalität unterscheidet, der anders denkt oder auch nur anders aussieht, der wird diskriminiert und verteufelt. Welcher Schmierfink hat dieses Machwerk verfasst?"

Er schielte auf den Einband.

„Gebrüder Grimm", las er laut. „Noch nie gehört, aber wenn ich diesen Brüdern einmal begegnen sollte, dann werde **ich** grimmig."

„Sie sind längst tot", warf Maik ein und erntete ein: „Da haben die aber wirklich großes Glück."

Das zornige Männlein sprang auf, verschränkte die Arme hinter dem krummgezogenen Rücken und stürmte, wütend vor sich hin brabbelnd, im Raum auf und ab.

Plötzlich blieb es vor Maik stehen, linste ihn von unten herauf an und fragte: „Soll ich dir erzählen, wie es sich wirklich zugetragen hat?"

Maik nickte eifrig. Der schnurrig poltrige Zwerg gefiel ihm, und sein mit einem Mal so listiges Blinzeln verriet, dass es eine vergnügliche Geschichte werden könnte.

„Weißt du, mein Junge", begann er, „ich war nicht immer ein kränklich krächzender und vom Rheuma verbogener

Greis. Oh nein! Obwohl klein von Wuchs, so fühlte ich mich doch als ein recht kerniger Bursche.

Ich war damals in die Gegend von... – ach, das sagt dir ja doch nichts – gezogen, hatte die von meinem seligen Vater vermachten und durch mich nicht unwesentlich vermehrten Schätze in eine Komforthöhle geschleppt und damit begonnen, die nähere Umgebung ein wenig zu beschnuppern.

Ganz in der Nähe meiner neuen Wohnhöhle lag eine kleine Stadt, in der auch der gnädige Landesvater sein bescheidenes Schloss besaß. In dem Buch ist natürlich von einem König die Rede. Typischer Fall von maßloser Übertreibung. Ein kleiner Graf war's, der über ein Ländchen gebot, das selbst ich mit meinen kurzen Beinen in knapp drei Stunden zu durchqueren vermocht hätte.

Es war an einem der ersten warmen Frühlingstage, als ich mich ein wenig in diesem Kaff umzuschauen begann. Da gerade Markt abgehalten wurde, konnte ich im allgemeinen Gewühl nahezu untertauchen.

Irgendwann fiel mein Blick auf einen Verkaufsstand, wo ein junges Mädchen vom Lande ihre selbstgebastelten Strohblumen feilbot. Hin und wieder blieben einige Leute stehen, um sich die kleinen Kunstwerke anzuschauen, sie zu befühlen oder wenigstens anerkennend zu nicken. Nicht wenige ließen sich sogar zum Kauf hinreißen.

Auch ich blieb stehen. Nein, nicht wegen der Strohblumen, das Mädchen war's das mich mit ihrer auffälligen Schönheit in ihren Bann zog. Als ich diesen gertenschlanken Körper, diese wohlgeformten Glieder und dieses niedliche, stupsnasige Gesicht betrachtete, da kochten seit Langem mal wieder sinnliche Gelüste in mir hoch, und ich begann mich zu erinnern, dass es schon verdammt lange her war, seit ich zum letzten Mal... na ja... du weißt schon. Grinse nicht! Auch Zwerge haben ein Recht auf ein einigermaßen geregeltes Sexualleben.

Ich ließ also gerade meine Phantasie wilde Sprünge vollführen, als sich ein junger Mann, dessen hünenhafte Gestalt in der Livree eines gräflichen Bediensteten steckte, dem Stand näherte. Mit selbstverständlicher Leichtigkeit gelang es ihm, die schöne Strohblumenflechterin in eine belanglose Plauderei zu verstricken. Die sichtbare Bewunderung, mit der ihr Blick auf seinem athletischen Körper ruhte, erinnerte mich schmerzhaft an meine körperliche Abnormität.

So begrub ich seufzend meine sinnlichen Träume und beschloss, unauffällig in der Menge unterzutauchen. Just in diesem Moment trat ein älterer, nachlässig gekleideter und wohl auch ein wenig angetrunkener Mann zu den Beiden. Er legte ungeniert seinen schweren Arm um die zarten Schultern des Mädchens und gab ihr einen widerlich schmatzenden Kuss auf die Wange.

„Nun, mein Herr, da staunt Ihr, was?", hörte ich ihn sagen. „Ja, meine Tochter Christine ist sehr geschickt. Sie vermag Stroh zu purem Gold zu flechten."

Und damit ließ er prahlerisch ein paar kleine Münzen – wahrscheinlich handelte es sich um den Verkaufserlös der letzten Stunden – durch seine groben Hände gleiten. Das Mädchen lächelte geschmeichelt. Der gräfliche Diener hob erstaunt die Augenbrauen, verabschiedete sich und lief hastig davon.

Am nächsten Markttag kreuzte ich wieder in der Stadt auf. Mein suchender Blick galt sofort diesem Mädchen, doch ich fand es nirgends. Als ich einen Einheimischen daraufhin ansprach, musterte er mich erst einmal misstrauisch, ehe er mit dem ausgestreckten Arm zum Schloss wies.

„Eingesperrt hat man die Kleine. Sie soll für den Grafen aus Stroh pures Gold flechten."

Ich begriff nicht gleich, erinnerte mich dann aber an die Worte ihres Vaters und zog weitere Erkundigungen ein.

Nach und nach begann sich das Bild zu runden. Der gräfliche Diener hatte die Prahlerei des Vaters wörtlich genommen und die Nachricht von den ungewöhnlichen Gaben dieser Christine seinem Herren hinterbracht.

Du musst wissen, das Wort „Gold" besaß damals noch wesentlich magischere Anziehungskraft als heute der Euro oder die T-Aktie. Selbst große Herrscher hatten einen Goldtick und sperrten kluge Leute jahrelang ein, in der Hoffnung, sie würden aus ein paar Tonklumpen, dieses edle Metall gewinnen. Irgendwo habe ich mal aufgeschnappt, dass auf diese Weise das Porzellan erfunden worden sei. Das kann aber auch genauso ein Lügenmärchen sein, wie das in dem Buch da.

Während ich mich also kopfschüttelnd über so viel Dummheit auf den Heimweg machte und auch das Mädchen ein wenig zu bedauern begann, kam mir plötzlich eine Idee, die mich einfach nicht mehr loslassen wollte.

In meiner Höhle angekommen, steckte ich ein paar kleine Goldstücke in die Tasche und machte mich bei einbrechender Dunkelheit auf den Weg zum Schloss. Ich hatte erfahren, welches Fenster zu dem Zimmer gehörte, in dem der Graf das Mädchen gefangen hielt. Es lag zwar im dritten Stock, aber das störte mich nicht. Ich kletterte besser als jede Katze. Die ausgewaschenen Fugen des heruntergekommenen Gemäuers vermochte ich wie eine Leiter zu benutzen. Es war eine mondlose Nacht, und so konnte ich unbemerkt bis zum, glücklicherweise unvergitterten Fenster vordringen. Da dieses obendrein nur leicht angelehnt war, gelang es mir, nahezu geräuschlos in das Gemach einzudringen.

Das schöne Mädchen saß beim Schein einer blakenden Ölfunzel auf einem wackligen Holzstuhl, um sich eine Schütte Stroh gebreitet und war so damit beschäftigt, sich die Augen aus dem Kopf zu heulen, dass es mich erst bemerkte, als ich ihm sacht auf die Schultern tippte.

Entsetzt ließ die Maid den Rockzipfel fahren, in den sie sich gerade lautstark geschnäuzt hatte, schaute mich entgeistert an, und ich musste sie sogar festhalten, damit sie nicht vom Stuhl kippte.

„Wer bist du?", fragte sie schließlich, vor Angst fast schon hechelnd.

„Namen sind Schall und Rauch", sagte ich weise und begann vorsichtig ihr Knie zu streicheln.

Sofort prallte sie zurück und segelte nun wirklich vom Stuhl.

Nie werde ich ihre furchtsam aufgerissenen Augen vergessen, als sie schrie: „Was willst du von mir? Du...du...du alter, hässlicher Zwerg!"

Also, den Zwerg hätte ich ja noch durchgehen lassen, aber alt und hässlich?

Du sollst nicht feixen – das ist immerhin ein paar hundert Jahre her! Damals war ich ein ausgesprochen schöner Zwerg! Verdammt, wo war ich stehen geblieben? Ach ja.

Ich muss gestehen – ich war ein wenig wütend und fand sie mit ihrer verheulten Fratze auch gar nicht mehr so wahnsinnig anziehend. Doch da es mir gräulich um die Lenden herum kribbelte, unterdrückte ich meinen berechtigten Ärger und sprach salbungsvoll: „Ich bin hier, um dir zu helfen, mein Kind."

Schon ließ ich mich neben sie ins raschelnde Stroh gleiten.

„Ich weiß, dass du aus diesen Strohhalmen hier Gold zusammenbasteln sollst. Der Graf muss reichlich einfältig sein, wenn er glaubt, das solches möglich sei."

„Er ist aber nicht davon abzubringen. Er hat sogar gedroht, mich töten zu lassen, wenn es mir nicht gelingt."

„Oh, was für ein arger Tyrann, aber Tyrannen wollen betrogen sein."

„Und wie soll das gelingen?"

„Der Graf will nur Gold sehen, egal woher es kommt. Und ich werde es dir beschaffen. Nicht zu viel, denn wir wollen ja den Erlauchten nicht übermäßig verwöhnen."

„Was hast du vor?"

Sie schaute mich mit einer Mischung aus Misstrauen, Zweifel aber auch allmählich durchschimmernder Hoffnung an. In ihrer Angst würde sie sich an jeden der hier herum liegenden Strohhalme geklammert haben.

„Nun, ich vermag ein wenig zu zaubern", sagte ich und versuchte meiner Stimme einen möglichst geheimnisvollen Klang zu verleihen."

„Du kannst Gold herbei zaubern?"

Sie hatte sich aufgesetzt, die Knie dicht ans Kinn gezogen und musterte mich nun misstrauisch von oben herab.

Ich genoss einen Moment lang den Anblick ihrer hübsch geformten Waden und riskierte sogar einen Blick auf die verführerisch weißen Schenkel, auf die das zuckende Öllicht verheißungsvoll tanzende Schatten warf.

Meine Stimme muss wohl ziemlich belegt geklungen haben, als ich ihr sagte, dass ich das sehr wohl könne. Sie müsse mir dabei nur ein wenig zur Hand gehen.

Ich sprach's und öffnete meine schon ein wenig eng gewordene Hose, was ihr einen kleinen spitzen Aufschrei entlockte.

„Was ist das? Etwa ein Zauberstab?"

Oh, welch Glück widerfuhr mir hier! Das Mädchen schien noch einfältiger, als ich es im Stillen erhofft hatte.

„Das ist mein Rubbelstielchen", sagte ich ernsthaft und nicht ohne Stolz, denn im Gegensatz zu meinen sonstigen Körperproportionen vermochte sich mein Zauberstab durchaus mit denen von normal gebauten Männern zu messen.

„Rubbelstielchen? Davon habe ich noch nie etwas gehört", staunte sie und schaute mit neugieriger Skepsis auf die Zierde meiner Zwergigkeit.

Und nun begann ich mit einer recht langatmigen Erläuterung darüber, woher diese Bezeichnung stamme und wie man das Stielchen benutze. Ich vergaß auch nicht, vorsorglich darauf hinzuweisen, dass man die Rubbelei auf keinen Fall allzu wörtlich nehmen dürfe und sehr viel Einfühlungsvermögen geboten sei.

Christine begriff viel schneller, als ich zu erklären vermochte. Ihr weiblicher Instinkt sagte ihr mehr als meine blumigen Worte.

Und sie erwies sich wirklich als äußerst einfühlsam. Als ich nach geraumer Zeit ihres Lust spendenden Tuns schließlich mit verdrehten Augen und genießerisch japsend beim „Uiih", „Ooohhh" und „Aaaahhh" angekommen war, besaß ich gerade noch so viel Geistesgegenwart, ihr eines meiner Goldstücke in die feucht gewordenen Hände zu schmuggeln. Sie betrachtete es mit kindlichem Erstaunen und meinte schließlich, dass sie sich das Ganze wahrlich nicht so leicht vorgestellt habe.

„Vor allem, wie schnell das ging!"

„Tja – wenn das Stielchen sehr lange nicht mehr benutzt wurde, dann geht es besonders rasch."

Eine Weile sann sie vor sich hin, drehte das Gold hin und her und äußerte schließlich Zweifel, ob den Herrn Grafen dieses kleine Stückchen auch zufrieden stellen würde. Ich wackelte ebenfalls bedenklich mit dem Kopf und meinte, ein wenig mehr müsse es wohl sicherlich noch sein.

„Funktioniert er denn noch?", fragte sie mit einem scheelen Seitenblick auf das trostlos in sich verkrochene Etwas, das wahrlich keine Ähnlichkeit mit einem Zauberstab mehr besaß.

„Du vermagst dem Rubbelstielchen seine Zauberkraft wieder zurück zu geben. Du musst nur kräftig..."

Aber da war sie auch schon wieder zu Gange. Christine mühte sich nach Kräften und schien richtig begeistert, als sie spürte, dass die Zauberkraft tatsächlich zurück zu kehren schien.

Ihre Bemühungen wurden nach und nach ungeduldiger, energischer und schließlich sogar schmerzhaft fordernd.

„Du hast gelogen", sagte sie schließlich ganz außer Atem und rieb sich das schmerzende Handgelenk.

„Nein, ihm ist nur kalt", erklärte ich und wollte gerade zu weiteren Erläuterungen ausholen, als sie mir ins Wort fallend vorschlug, doch einfach die Ölfunzel drunter zu halten.

„Neiiin!", schrie ich entsetzt, und endlich gelang es mir – ich gebe zu, es geschah ziemlich umständlich – ihr klar zu machen, an welcher sensiblen Stelle ihres Körpers die Wärmeübertragung unbedingt stattfinden müsse, wenn sie den gewünschten Erfolg haben wolle.

Es kostete mich schon einige Mühe, ihr Misstrauen zu zerstreuen, um schließlich zur Tat schreiten zu dürfen.

Als sie den kleinen Schmerz spürte, den ich ihr ganz einfach zufügen musste, zuckte sie merklich zurück, und ich hatte schon Angst, sie würde in Wehgeschrei ausbrechen, welches unter Umständen sogar die Dienerschaft im Schloss aufgeweckt hätte. Doch meine Sorge erwies sich als unbegründet. Von dem kleinen Aufschrei bis zu einem wohligen Seufzer war es nur ein winziger Moment und dann...

Hier brach der Alte ab und Maik sah, wie er mit verklärt glasigen Augen einen imaginären Punkt im Raum anstarrte.

„Es war wahrlich traumhaft schön", sagte er nach einer Weile.

Allmählich gelang es ihm auch, seinen Blick wieder zurück zu holen und auf Maik zu heften.

„Aber was schwärme ich dir hier vor. Du weißt sicherlich viel besser als ich, wie beglückend es mit einer schönen Frau

sein kann. Uns Zwergen ist das leider nur sehr selten ver-
gönnt."

Seine Mundwinkel hingen einen Moment lang traurig
herab, aber dann verzog sich sein Gesicht zu einem heiteren
Grinsen. „Dafür leben wir länger."

„Und wie ging es dann weiter?" fragte Maik. „War der
Graf mit dem Gold zufrieden?"

„Natürlich nicht. Solche goldgeilen Kreaturen können nie
genug bekommen. Christine flocht auf meinen Rat hin einige
hübsche Strohblumen, die sie mit den Goldstücken verzierte.
Der Graf war zwar entzückt, ließ sich aber von ihrem Bet-
teln, sie doch wieder nach Hause zu entlassen, nicht im Ge-
ringsten erweichen. Sie blieb weiter eingesperrt, wurde al-
lerdings mit mehr Aufmerksamkeit behandelt. Sogar ein
vortrefflich weiches Federbett stellte man in ihr Zimmer.
Was für aufregende Nächte durfte ich dort mit ihr verbrin-
gen!

Ich hätte es sicherlich noch lange so ausgehalten, aber
allmählich schmolz mein hart erschufteter Goldvorrat spür-
bar zusammen. Außerdem wollte ich nicht einsehen, dass
ich große Teile meines Schatzes diesem gräflichen Nimmer-
satt in den Rachen werfen sollte. Ich grübelte lange, und ei-
nes Nachts, es war das elfte Mal, dass ich Christine besuchte,
kam mir eine Idee.

„Weißt du Christine, ich muss dir etwas gestehen. Der
Zauberstab kann nur zwölf Mal hintereinander Gold besche-
ren. Ab dem dreizehnten Mal funktioniert es zwar immer
noch, aber das Gold bringt dann seinem Besitzer sehr großes
Unglück. Nicht einmal sein Tod lässt sich ausschließen.
Übermittle das dem Grafen. Vielleicht lässt er es nicht darauf
ankommen und schickt dich wieder nach Hause."

„Und wenn nicht?"

„Dann wird ihn tatsächlich ein Unglück ereilen, das dir
die Freiheit beschert", sagte ich, hatte aber keinen Schimmer,
wie das funktionieren sollte. Doch mir würde schon etwas

einfallen. Im Moment vertraute ich einfach auf die Dummheit des Grafen.

Und ich hatte Glück. Zwar war der vornehme Herr stocksauer, aber er wollte wohl kein unkalkulierbares Risiko eingehen. Mit meinem Gold war es ihm bereits gelungen, seinen maroden Haushalt zu sanieren. Der Rest würde wohl noch für etliche rauschende Feste reichen. Also entließ er Christine schweren Herzens, befahl jedoch einem Diener, das Mädchen auf Schritt und Tritt zu beobachten. Zufällig – oder absichtlich – wählte er den gleichen Knaben, der ihm schon die Nachricht von Christines angeblichen Künsten überbracht hatte.

Sie kehrte glücklich ins Vaterhaus zurück und nahm ihr gewohntes Leben wieder auf. Auf dem Markt sah man sie allerdings nicht mehr.

Ich verkroch mich in meiner Höhle und nahm mir vor, erst einmal gründlich auszuruhen. Ab und an saß ich vor meiner Schatztruhe, um die mir verbliebene Barschaft zu überprüfen. Es war noch genug da, um selbst ein langes Zwergenleben mühelos bestreiten zu können.

„Du warst dem Mädchen gegenüber ganz schön knickrig", gestand ich mir ein.

Und während ich so nachdachte, ertappte ich mich immer wieder bei der Fiktion, wie schön es doch wäre, den restlichen Schatz gemeinsam mit Christine zu verprassen. Immer wieder kreisten meine Gedanken um das Mädchen. Wie mochte es ihr gehen? Dachte sie manchmal auch an mich?

Die Erinnerung an die gemeinsam verbrachten Nächte ließen mich im Nachhinein stärker erbeben, als zu der Zeit, wo ich noch abends zu ihr geschlichen war. Es gab in mir mit einem Mal ein völlig neues Gefühl, das mich klammheimlich beschlich – ein Gefühl, das ich bisher so noch nie erfahren hatte. Es ließ mich nur noch unruhig schlafen, blockierte mein systematisches Denken, machte mich rastlos.

Sollte das Liebe sein? An die Stelle des rein sexuellen Verlangens war plötzlich der Wunsch nach Nähe, Zärtlichkeit und Wärme getreten. Das war es, was die Sehnsucht nach meiner Christine immer stärker werden ließ, bis ich es irgendwann nicht mehr aus-hielt.

Meine Christine!

Ich vermochte bei dieser Formulierung nicht einmal den Kopf zu schütteln. Kein Zweifel – ich war rettungslos verliebt.

Eines Tages hielt ich es nicht mehr aus und schlich zu der erbärmlichen Kate nahe der Mühle, wo Christine mit ihrem Vater wohnte. Aus einem sicheren Versteck heraus wartete ich auf eine günstige Gelegenheit für eine Begegnung mit ihr. Doch das erwies sich als ungemein schwierig, hatte sie doch jetzt den ganzen Tag ihre Freundinnen um sich. Und selbst wenn dies nicht der Fall war, trieb sich garantiert dieser Adonis in gräflicher Livree in ihrer Nähe herum.

Und nachts? Da wagte ich mich nicht zu ihr. Ihre Kammer besaß garantiert nicht annähernd solch dicke Wände wie das Gemach im Schloss.

Endlich – es mochten schon an die acht Wochen seit unserer letzten Begegnung vergangen sein, sah ich sie allein nach Hause kommen. Endlich durfte ich ihr sagen, wie es um mich stand. Ich nahm all meinen Mut zusammen, kroch aus meinem Versteck und baute mich halb freudig, halb verlegen grinsend vor ihr auf. Mein Herzschlag erinnerte mich an das Trommeln von Pferdehufen und die Hände fühlten sich klebrig an. Wohin hatte sich nur mein schnoddriges Selbstbewusstsein mit einem Mal verkrümelt?

„Du?!"

Sie sah mich entgeistert an. Unwillkürlich trat sie einen Schritt zurück.

Sie hatte sich verändert. Ich vermisste den kindlich naiven Ausdruck in ihren Augen.

„Ja, ich", sagte ich ziemlich einfältig.

Mein nur noch mühsam aufrecht erhaltenes Grinsen gefror, als ich die totale Abwehr in ihrem Gesicht erkannte.

„Was willst du noch? Ich glaubte dich längst über alle Berge."

Ich biss mir auf die Lippen. Schon fühlte ich meinen Mut schwinden und viel zu hastig sagte ich: „Dich will ich, Christine, nur dich!"

Es misslang mir wohl gründlich, meinen Worten den beabsichtigten gefühlvollen Klang zu verleihen. Es wirkte vielmehr abgehackt und kratzig.

Schon lachte sie schrill auf.

„Was soll das heißen: Du willst mich? Möchtest mich wohl in deine Höhle schleppen, in dein ungemachtes Bett zerren und mir mit deinem angeblichen Zauberstab ..."

Sie brach ab und schien sich schütteln zu wollen. Dann kam sie drohend auf mich zu, und ich ertappte mich dabei, wie ich den Kopf leicht einzog.

Was war denn in den paar Wochen mit ihr geschehen? Konnte man sich so verändern?

„Aber Christine", wagte ich einen zweiten Anlauf. „Was hast du denn mit einem Mal? Wir haben uns doch immer wunderbar verstanden, du und ich. Denk doch nur an die unvergesslichen Nächte im Schloss."

„Erinnere mich nicht daran!", zischte sie gefährlich nah an meinem Ohr. „Du hast meine Notlage und meine Naivität schamlos ausgenutzt. Meine Freundinnen haben sich halb tot gelacht, als ich ihnen von der angeblichen Zauberkraft deines Rumpelstielchens erzählte. Du hast nur meine Unwissenheit missbraucht. Gut, deinem Gold verdanke ich meine Freiheit. Aber ich habe es mir schwer verdienen müssen, und meine Unschuld hast du noch als Zugabe bekommen. Reicht das immer noch nicht?"

Ich sah die Verachtung in ihren Augen und fragte mich, ob sie wirklich mich meinte.

„Aber ich liebe dich doch, Christine!", stotterte ich und erntete höhnisches Gelächter.

„Weißt du eigentlich, was das ist – Liebe? Denk mal darüber nach, aber lass mich damit in Ruhe. Und noch etwas: Wage es nicht noch einmal, mir irgendwo aufzulauern. Mein Liebster prügelt dir die Seele aus dem Leib. So, und nun geh mir aus dem Weg!"

Sie schritt ganz dicht an mir vorbei. Ich hätte nur die Hand nach ihr auszustrecken brauchen. Stattdessen stand ich wie angewurzelt auf dem staubigen Weg und starrte ihr nach, bis sie hinter einer Biegung verschwand.

„Mein Liebster prügelt dir..."

Diese Worte hallten noch grausam in mir nach, als ich mich bereits mit müden Schritten zu meiner Höhle schleppte. Meine Hände besaßen kaum noch Gefühl, die Stirn schien zu glühen und die Augen verdampften meine Tränen, noch ehe sie fließen konnten.

Zwei Wochen lang bekam ich kaum einen Bissen herunter. Dann wurde ich richtig krank. Hohes Fieber, Schüttelfrost – so schlimm hatte es mich noch nie erwischt. Und es wollte und wollte nicht besser werden.

Mehrere Wochen blieb ich ans Bett gefesselt. Es dauerte fast den ganzen Sommer, bis ich mich wieder einigermaßen bei Kräften fühlte.

Ich beschloss, diese Gegend zu verlassen. In einer anderen Umgebung würde die tiefe Wunde schneller heilen. Nur einmal noch wollte ich Christine sehen, ihren Anblick in mich aufnehmen, um ihn für alle Ewigkeit in mir zu verschließen.

Ich musste wieder lange in meinem Versteck ausharren, ehe ich sie endlich aus dem Haus treten sah. Von ihrem Aufpasser keine Spur.

Sie ging mit einem vollen Wäschekorb zum Mühlbach. Ihr Schritt wirkte schwerfällig, und einige Male musste sie den Korb sogar absetzen, um Luft zu schöpfen. Auch das Scheuern, Spülen und Wringen der Wäsche schien sie ungewöhnlich stark anzustrengen. Plötzlich sah ich sie taumelnd nach einem Halt suchen, doch ihre Hände griffen ins Leere und sie fiel nach hinten über ins Gras.

Da hielt mich nichts mehr in meinem Versteck. Ich schoss aus dem Gebüsch, sprang in wilden Sätzen über die Wiese und kniete mich schließlich keuchend neben der Ohnmächtigen nieder. Ich tätschelte ihre blassen Wangen, küsste die blutleeren Lippen und rief sie verzweifelt beim Namen. Weil sie nur ganz flach atmete, zerrte ich beherzt an den Schnüren ihres viel zu engen Mieders, versuchte ihr Luft zu schaffen und...

Mein Blick fiel zufällig auf ihren leicht gewölbten Bauch. Einem Reflex folgend glitt meine Hand darüber hin. Aus dem besorgten Tasten wurde ein liebevolles Streicheln.

„Christine – liebe Christine. Komm zu dir. Ich bin es doch! Wach auf!"

Ich schöpfte mit der hohlen Hand etwas Wasser aus dem Bach und besprengte damit vorsichtig ihre Stirn. Erleichtert stellte ich fest, wie die Farbe langsam wieder in ihr Gesicht zurück kehrte und ihre Lider zu zittern begannen. Ich atmete auf.

Doch nie werde ich das Entsetzen vergessen, mit dem sie plötzlich hochfuhr, als sie mich erkannte. Ja, das schmerzt heute noch. Und es tat mir damals unendlich mehr weh als die Schläge, die nun auf mich nieder prasselten.

Kaum richtig zur Besinnung gekommen und noch ein wenig taumelnd, stand sie auf, schnappte sich ein nasses Betttuch und drosch blindwütig auf mich ein.

„Du mieser... boshafter... heimtückischer... Zwerg!"

Bei jedem Wort klatschte mir das Laken ins Gesicht, so dass mir Hören und Sehen verging. Schließlich erwischte mich ein so kräftig geführter Hieb, dass ich mich mehrmals überschlug und kopfüber in den Bach kugelte. Keuchend rettete ich mich auf einen großen Stein.

„Schau – was du mir mit deinem Rumpelstilzchen angetan hast!", schrie sie hysterisch und streckte demonstrativ den Bauch heraus. „Entehrt, wie ich nun bin, hat mein Liebster mich verlassen – nur wegen dir und deinem... deinem verfluchten Rumpelstilzchen!"

„Rubbelstielchen", verbesserte ich kleinlaut, doch das machte sie nur noch wütender.

Mit demütig gesenktem Kopf ließ ich ihre Schimpfkanonade über mich ergehen und hob ihn erst wieder, als sie sich schwer atmend am Ufer nieder gelassen hatte und schließlich in Tränen ausgebrochen war. Innerlich frohlockte ich ein wenig. Ihr Liebster hatte sie verlassen, das war Musik in meinen Ohren.

„Und was soll nun werden?", wagte ich zwischen zwei herzzerreißende Schluchzer zu werfen.

Sie zuckte nur mit den Schultern.

„Ich werde zur alten Kräuterhexe gehen", presste sie schließlich heraus.

„Du willst das Kind... mein Kind... unser Kind...?"

Das war so ungeheuerlich, dass ich es kaum zu fassen vermochte.

„Was bleibt mir weiter übrig", heulte sie. „Verführt von einem verlogenen Zwerg, entehrt von einem lüsternen Zwerg, geschwängert von einem verantwortungslosen Zwerg. Nie wieder wird mich ein Mann noch haben wollen."

Ein verlogener, lüsterner und verantwortungsloser Zwerg, hatte sie gesagt. Sollte ich wirklich so ein Scheusal sein? Vor allem das „verantwortungslos" wurmte mich.

„Christine, das kannst du nicht machen! Es ist unser Kind! Ich habe da auch noch ein Wort mitzureden. Und außerdem – wenn es entdeckt wird, landest du für den Rest deines Lebens im Kerker. Dafür hat dich deine Mutter nicht geboren."

„Klug reden kann jeder. Weißt du vielleicht einen besseren Rat?", höhnte sie, aber ihre Stimme hatte bereits viel von ihrer Aggressivität eingebüßt.

„Ja", sagte ich daher rasch. „Komm mit mir. Ich habe dir schon einmal geholfen, da..."

„Geholfen? Du hast mich von einem Unglück ins andere gestürzt und auch noch Freude dabei empfunden", fauchte sie erneut aufgebracht.

„Das habe ich so nicht gewollt und ich werde versuchen, es wieder gut zu machen", beteuerte ich im Brustton tiefster Überzeugung. „Überlege es dir. Ich werde immer für dich da sein."

In ihrem Gesicht spiegelte sich bitterer Hohn, aber sie schwieg. Ja, sie schwieg sehr lange. Allmählich entkrampften sich ihre Züge und nahmen einen nachdenklichen Ausdruck an, während sich ihre hübschen Zähne tief in die Unterlippe gruben.

„Na gut. Ich will dir glauben – ein letztes Mal."

Ich hätte vor Glück tanzen können – auch auf die Gefahr hin, von dem glitschigen Stein abzurutschen und erneut ins Wasser zu fallen. Stattdessen schaute ich sie nur dankbar an.

Die Erinnerung schien den kleinen Mann so aufzuregen, dass er schwer atmend eine Pause einlegen musste. Während er Tee nachschenkte, zitterte er am ganzen Körper.

Nachdenklich und ein wenig bedrückt nahm Maik einen vorsichtigen Schluck von dem heißen Getränk. Die Geschichte, die so flapsig angefangen hatte, begann ihn zu rühren. Er hätte gern gefragt, wie es denn nun weiter gegangen war, aber das krampfhafte Zucken um die Mundwinkel des Alten hielt ihn davon ab.

Es dauerte geraume Zeit, bis der niedrige Raum wieder von der kratzigen Stimme des Zwerges erfüllt wurde.

„Vier Tage später zogen wir los. Wir schlugen uns fast eine ganze Nacht lang durch das Dickicht. Während des beschwerlichen Marsches sprachen wir kaum ein Wort miteinander. Zu unterschiedlich waren wohl die Gedanken, mit denen wir uns – jeder für sich – beschäftigten.

Kurz vor dem Morgengrauen erreichten wir schließlich todmüde meine vorzüglich getarnte Erdhöhle. Christine sank völlig erschöpft auf das, sorgsam von mir vorbereitete Lager. Sie schlief sofort ein und wachte erst gegen Mittag auf.

Ich hatte die ganze Zeit am Kopfende ihres Bettes gesessen, hin und wieder scheu ihr Gesicht gestreichelt und mich beglückenden Träumen hingegeben.

Doch die begannen bereits unmittelbar nach Christines Erwachen langsam, aber unaufhaltsam zu zerbröseln und vergingen im Laufe der folgenden Wochen völlig im bitteren Nebel der Realität. Dabei war Christine nicht einmal unfreundlich zu mir, aber sie wahrte eine betont kühle Distanz, die ich nicht zu durchbrechen vermochte.

Wir teilten uns die wenige Hausarbeit, saßen fischend am Seeufer, und wenn ich Besorgungen machte, ging sie in den Wald und suchte Beeren, Kräuter oder Pilze. Abends schwatzten wir lange auf der Bank vor der Höhle, aber mein höchstes Glück war es, wenn ich im Bett vor dem Einschlafen ihre Hand halten durfte.

Ja, meine Ansprüche waren im Laufe der Zeit auf ein bescheidenes Maß herab gesunken, aber ich versäumte nie, meiner eigenen Hoffnung wenigstens etwas dürftige Nahrung zukommen zu lassen. Ich gestehe: Nicht selten packte mich der Wunsch, sie einfach in den Arm zu nehmen, sie zu streicheln und schließlich...

Kannst du dir vorstellen, wie es ist, monatelang neben der geliebten Frau Nacht für Nacht zu liegen und nie mehr als ihre Hand berühren zu dürfen? Das sei nicht auszuhalten, wirst du mir antworten.

Ich habe es ausgehalten.

Und dann – der Winter hatte mit klirrender Kälte seinen Höhepunkt erreicht – setzten eines Tages die Wehen ein. Obwohl mich Christines Schmerzensschreie erschütterten, empfand ich eine unterschwellige Heiterkeit. Das Gefühl, ihr beistehen zu dürfen, ihr bedingungsloses Vertrauen zu genießen und mit ihr untrennbar Verbindendes zu erleben – das übertraf alles bisher Dagewesene.

Sie gebar eine Tochter, die mit einem lauten Krähen ihre Ankunft anzeigte.

„Unsere Tochter", sagte ich feierlich und erntete ein Christine-Lächeln, das wie ein gleißender Sonnenstrahl durch die Düsternis der letzten Wochen brach.

„Unsere Tochter!", jubelte ich und tanzte mit dem kleinen Bündel auf dem Arm in der Stube umher.

Wir übertrafen uns regelrecht in der Sorge um unser Kind, das wir an einem nahen Bach auf den Namen Hanna getauft hatten. Und ich war Christine unendlich dankbar dafür, dass sie nie Bedenken wegen einer eventuellen Kleinwüchsigkeit des Kindes äußerte.

Der Frühling kam, und unser Kind gedieh prächtig.

„Haben wir nicht ein wunderschönes Leben?", fragte ich Christine einmal, als wir wie gewohnt Händchen haltend auf den Schlaf warteten. „Wir besitzen ein schönes Zuhause, haben ein gesundes Kind, es fehlt uns an nichts, und die Unrast der anderen Menschen darf uns völlig gleichgültig sein."

„Ja", sagte sie nur, aber es klang aufrichtig.

„Bist du jetzt immer noch so zornig auf das fürwitzige Rubbelstielchen?", wagte ich zu scherzen.

Statt einer Antwort spürte ich plötzlich zu meinem grenzenlosen Erstaunen ihre weiche Hand, die den eben Genannten sanft zu umschließen begann. Ich genoss ihre Liebkosungen mit allen Fasern meines kleinen, aber vor Glückseligkeit plötzlich ins Unendliche wachsenden Körpers. Es war, als erlebte ich die Vereinigung mit ihr zum ersten Mal richtig.

Später lagen wir dicht aneinander gekuschelt und ich streichelte dankbar jeden Quadratzentimeter ihrer milchig duftenden Haut.

Sie schnurrte wie eine Katze und erwiderte ungemein gefühlvoll meine Zärtlichkeiten. Ich hätte platzen können vor Glück.

Irgendwann – ich war wohl gerade am Einschlafen – glitt ihre Hand tastend über das Laken.

„Was suchst du?", fragte ich schlaftrunken.

„Da fehlt noch etwas", lachte sie gurrend.

Es dauerte nur einen Moment, bis ich begriff. Dann ging ich auf den Scherz ein. Ich stieg aus dem Bett, schlich zu meiner Truhe, betätigte den komplizierten Mechanismus des schweren Schlosses und holte ein Goldstück hervor. Vergnügt grinsend legte ich es ihr zwischen die Beine.

Sie lächelte spitzbübisch und hauchte ein: „Danke, liebes Rubbelstielchen."

Dann lachten wir herzhaft und alberten noch eine Weile herum, bis uns schließlich der alte brave Morpheus still in seine Arme nahm.

Am nächsten Morgen erschien mir alles wie ausgewechselt. Christine schaukelte die Kleine auf den Knien, sang leise ein Lied dazu und strahlte mich an, als ich neben sie trat. Ich strich ihr über das nach Frühling duftende Haar und küsste ihren schmalen Nacken.

In den darauf folgenden Wochen war ich der glücklichste Zwerg unter der Sonne. Tagsüber waren wir meist ausgelassen, spielten mit der kleinen Hanna, fütterten sie abwechselnd und brachten sie abends gemeinsam zu Bett. Und während wir uns über die Wiege beugten, trafen mich bereits wieder die verheißungsvollen Blicke meiner so wunderbar verwandelten Christine.

Eines Abends war dann der Zeitpunkt gekommen, wo ich ihr mein letztes Goldstück auf das Laken legte.

„Aber das macht doch nichts", sagte sie, als ich ihr dies gestand. „Morgen packst du alles wieder in die Truhe, und das Spiel beginnt von vorn."

Ich kicherte zustimmend. Irgendwie gehörte dieses abschließende Ritual dazu.

„Aber heute bin ich doch dran, das Frühstück zu bereiten!", rief ich, als ich am nächsten Morgen er-wachte und das Bett neben mir leer fand.

Doch mein scheinheiliger Protest hatte sich damit auch schon erschöpft. Wohlig räkelnd, beschloss ich, noch so lange zu schlafen, bis Christine nach mir rufen würde.

Ich erwachte, als ich die kleine Hanna schreien hörte. Sofort spürte ich, dass ich noch einmal sehr lange geschlafen haben musste.

„Christine?"

Keine Antwort. War ihr etwas passiert? Ich fuhr aus dem Bett und lief in die Küche. Keiner da! Ich rannte nach draußen, rief laut in den Wald hinein – nichts.

Da sprang mich urplötzlich eine noch nie erfahrene Angst an und riss mich fast zu Boden. Angst, ihr könnte etwas Schlimmes zugestoßen sein. Angst, sie könnte sogar.... Angst, diesen Gedanken zu Ende denken zu müssen.

Als ich ratlos und schwer atmend in die Küche zurückkehrte, entdeckte ich auf der hellen Tischplatte die mit Holzkohle ungelenk gemalten Schriftzeichen.

Jetzt sind wir quitt, du Zwerg!
Christine

Wie ein prall gefüllter Weinschlauch, den man mit einem Messer aufschlitzt, fiel ich in mich zusammen. Der Korbstuhl fing mich auf, doch das registrierte ich kaum. Ich saß – starr und schlaff zugleich – und hatte das Gefühl, in einen unendlich weiten, leeren Raum zu blicken. Tödliche Kälte kroch von den Beinen bis zur Brust hinauf.

Ich weiß nicht, wie lange ich so gesessen, gehockt, gelegen, gekauert habe. Und ich würde dort gelähmt verharrt und auf den Tod gewartet haben, wenn da nicht die kläglichen Schreie der Kleinen gewesen wären.

Irgendwann stand ich schließlich vor der Wiege, blickte verstört in das Gesicht, das noch winziger war als das Meine und beschloss in grimmig aufkommender Entschlossenheit, das Sterben zu verschieben.

Ein feines Lächeln überzog das runzelige Gesicht des Alten. Seine Augen, in denen eben noch dunkler Schmerz gewütet hatte, hellten sich wieder auf. Er beugte sich vor und ergriff erneut das Märchenbuch.

„Du wolltest mir nur dieses Buch bringen. Nun hast du dir eine sehr lange Geschichte anhören müssen. In den Aufzeichnungen dieser Gebrüder Grimm" – die letzten beiden Worte sprach er im verächtlichem Unterton – „bin ich das widerliche Scheusal, das letztlich seine gerechte Strafe ereilt, während die dumme Müllerstochter zur reichen Königin und glücklichen Mutter erhoben wird.

Christine war reich, als sie von mir weg ging. Ob sie glücklich geworden ist und je wieder Mutterfreuden entgegen sehen durfte, das weiß ich nicht. Wir sind uns nie wieder begegnet.

Ich habe sie wirklich geliebt, aber sie vermochte diese Liebe nicht zu erwidern. Ich habe ihre Zuneigung erzwingen wollen und musste scheitern. Ich kann ihr nicht böse sein. Vor allem deshalb nicht, weil sie mir so ein wunderbares Geschenk zurückgelassen hat – Hanna.

So fand ich mein Glück in der Liebe meines Kindes, dem meine Kleinwüchsigkeit etwas ganz Normales war. Zwar wuchs sie mir bald über den Kopf, aber durch unser Leben in totaler Abgeschiedenheit fehlte ihr der Vergleich zu anderen Menschen. Manchmal gewann ich den Eindruck, sie wäre durch ihre Größe ein wenig verunsichert.

Wir unternahmen lange Wanderungen durch die damals noch so undurchdringlichen Wälder. Ich lehrte sie, die Sprache der Tiere zu verstehen und die vielfältigen Pflanzen zu unterscheiden. Ich mied stets die Nähe von Siedlungen und ging, wenn es denn unbedingt notwendig war, stets allein dort hin.

Irgendwann meinte ich aber zu spüren, dass ich kein Recht besäße, sie nur für mich zu behalten. Sie war schon fast eine erwachsene Frau geworden und würde in absehbarer Zeit ihren Anspruch auf ein eigenes Leben anmelden.

Also beschloss ich eines Tages, die Höhle, die mir so viel schmerzliche aber noch viel mehr glückliche Stunden beschert hatte, für immer zu verlassen.

Die belebten Straßen und Wege stets meidend, wanderten wir hinüber ins Siebengebirge. Dort wusste ich ein paar alte Gefährten, die in einem schmucken Haus wohnten und gleich nebenan ein kleines Bergwerk betrieben. Dort zog es mich nun hin. Nicht zuletzt auch deshalb, weil mein Zwergenblut endlich wieder nach harter Arbeit unter Tage verlangte.

Meine sechs Freunde staunten nicht schlecht, als ich in Begleitung eines zwar etwas blassgesichtigen, aber ansonsten wunderschön anzusehenden Mädchens bei ihnen aufkreuzte. Sie nahmen sich kaum Zeit für das unter Zwergen übliche und fürchterlich zeitraubende Begrüßungsritual, sondern besaßen nur Augen für meine Tochter.

„Schaut nur: Die Haut – so weiß wie Schnee, die Haare – so schwarz wie Ebenholz und die Lippen – so rot wie Blut", schwärmte der besonders romantisch veranlagte Kunz, und in seine Augen trat ein verklärter Glanz.

„Wisst ihr was? Wir nennen sie..."

„Schneewittchen!" platzte Maik spontan dazwischen.

Der Alte nickte versonnen, doch dann bekam er Augen so groß wie Bierdeckel.

„Woher...woher weißt du...?"

„Das steht auch in dem Buch der Gebrüder Grimm."

„Was sagst du da? Das glaube ich nicht. Zeig her!"

Während der Alte unter ständigem Kopfschütteln suchend die Seiten hin und her blätterte, stand Maik unbemerkt auf und verließ leise die Höhle.

Monotonie in Wochen

Der Montag ist Schontag!
Und Dienstag? Na ja.
Nur warten auf Mittwoch,
und schon ist er da.

Und Donnerstag grübeln,
was Freitag wohl wär.
Ich könnt' ja mal wieder....
ist lange schon her.

Und Samstag, na endlich,
da ruh ich mich aus,
und Sonntag droht Montag
schon wieder. Oh Graus!

So eilen die Tage,
die Wochen dahin.
Es stellt sich die Frage:
„Wo liegt hier der Sinn?"

Und eh ich begriffen,
dass Jahre vorbei,
bin alt ich geworden.
Entsetzt gilt mein Schrei

dem Spiegel, dem fiesen.
Der wirft ins Gesicht
die hässlichen Falten.
Ich lösche das Licht.

Begegnung der wasweißichwievielten Art

Ich sage immer, mit einem Roman verhält es sich, wie mit einem Kind. Von einer lustvollen Idee gezeugt, nistet sich dieses Gedanken-Ei in einem besonderen Gehirnwinkel ein, den ich gern als Gebärmutter des Geistes zu bezeichnen pflege. Nach einer zeitlich recht unterschiedlichen, weil extrem vom Gedankenfutter abhängigen, Schwangerschaft kommt es schließlich zur Geburt. Wenn man von einem leichten Haarwurzelkatarrh einmal absieht, verläuft das eigentliche Gebären weitgehend schmerzfrei.

Schließlich flutscht der spontan von mir auf den Namen „Exposee" getaufte Säugling – noch feucht von der Farbe – aus dem Drucker und verlangt sofort nach Nahrung, die ich ihm schließlich zeilenweise einflöße, bis er Kapitel für Kapitel heran wächst.

Es kostet schon viel Kraft und Schweiß, um aus diesem Winzling ein lebensfähiges Kind groß zu ziehen und es schließlich zum stattlichen Jüngling heran reifen zu lassen. Streng, aber liebevoll erzogen, erhält er schließlich im Lektorat den letzten Schliff, um dann seinen völlig ausgelaugten Vater zu verlassen und in die weite Leserwelt zu ziehen.

Alle meine Romankinder sind diesen Weg gegangen. Mal mehr, mal weniger erfolgreich, schlugen sie sich – tausendfach geklont – in den Buchläden herum und ernährten ihren Erzeuger mehr schlecht als recht.

Doch ich will nicht ungerecht sein. Mit Hilfe meiner zahlreichen Söhne habe ich es sogar zu einem bescheidenen Wohlstand gebracht. Dieser findet seinen sichtbaren Ausdruck in einem zwölf Jahre alten Opel „Calibra" und einem kleinen und obendrein ziemlich herunter gekommenem Anwesen am Rande meiner Heimatstadt.

Da ich mit zwei linken Händen auf diese Welt geworfen wurde, vermochte ich den zunehmenden Verfall meiner Behausung nur in bescheidenem Maße aufzuhalten. Doch der Mensch ist ein Gewohnheitstier; heißt es. Und so flog auch an diesem Freitagnachmittag meine Haustür nach einem mittlerweile zur Präzision gereiften Fußtritt bereitwillig auf und gewährte Zugang zu der winzigen, im Halbdunkel liegenden, Diele. Ein gekonnter Hackentrick, und die Tür knallte wieder ins Schloss.

Ich hängte mein Sakko an den Kleiderhaken, nicht ohne vorher das kleine, sorgsam gefaltete Papierbündel aus der Tasche genommen und auf den Flurschrank gelegt zu haben. Ich ertappte mich dabei, liebevoll mit den Fingerkuppen darüber gestrichen zu haben. Wieder war einer meiner Romansöhne flügge geworden, und vor mir lag das bescheinigende Dokument – der Autorenvertrag!

„Geschafft!", murmelte ich. „Warst kein einfaches Kind."

Noch nie hatte Rita so sehr an einem Machwerk von mir herum gekrittelt, doch auch noch nie hatte ich sie am Ende so begeistert gesehen.

„Bei solch bekloppten Ideen, umgesetzt in eine solch hirnrissige Handlung; da kann das nur ein Bestseller werden", hatte sie gesagt, doch in ihrem Gesicht war nicht die Spur von Ironie auszumachen gewesen.

Rita!
Auf einmal wusste ich, von welchem Duft der abgestandene Zigarettenmief im Korridor überlagert wurde.

Rita?
Das war wohl kaum möglich. Die kreuzte immer nur sonntags bei mir auf. Alle anderen Tage einer viel zu langen Woche pflegte sie, jobbender Weise mehr als zweihundert Kilometer von meiner Behausung entfernt zu verbringen.

Unsere Liebe vermochten wir vielleicht göttlich zu nennen, aber wir verhielten uns nicht so. Während Gott nach sechs Tagen unentwegten Schöpfens am siebten Tag zu ruhen pflegte, war gerade dies unser einziger wirklicher Werktag. Wir hatten daher mein Schlafzimmer liebevoll in „Werkstatt" umbenannt, obwohl an der Tür auch die Aufschrift „Versuchsstation" keineswegs sinnentstellend gewesen wäre.

Rita liebte das Experimentieren. Erst heute früh erhielt ich von ihr eine SMS mit der verheißungsvollen Nachricht, sie habe rein theoretisch die Stellung Nummer dreiundneunzig-A kreiert und hoffe nun darauf, dass diese sich auch als praktisch durchführbar erweise.

Denjenigen, die eine solch hohe Ziffer für reine Angeberei halten, sei gesagt, dass die Stellungen „eins" bis „achtundsechzig" bei uns überhaupt nicht vorkommen, da wir stets erst bei „Neunundsechzig" einzusteigen pflegen.

Während meine von dem Duft entzündete Phantasie für einen ordinären Freitag recht ungewöhnliche Wege beschritt, stieß ich mit leicht beschleunigtem Puls die Tür zum Wohnzimmer auf, tat einen Schritt über die Schwelle und...

Mein unartikuliertes Grunzen ließ das mir unbekannte, weibliche Wesen auf meiner Couch den Kopf heben.

Der den Männern angeborene Reflex, mit dem sie in der Lage sind, ein feminines Geschöpf in Bruchteilen von Sekunden zu taxieren, einzuordnen und das Ergebnis abzuspeichern, versagte diesmal. Denn ehe mein Blick überhaupt Gelegenheit bekam, sich laserhaft abtastend über Gesicht und Körper – wegen mir auch umgekehrt – hinweg zu huschen, wurde er schon abgefangen. Ach, ach, was sage ich – förmlich aufgesogen von einem Augenpaar, das mich schier nicht mehr los-lassen wollte. Die graublauen Pupillen wirkten wie gewaltig schlürfende Zyklone – Strudel, vor denen es mich schauderte, denn sie verbreiteten obendrein eine Kälte, die mich einen Moment lang glauben machte, die

Ränder der Iris seien mit einer hauchdünnen Eis-schicht besetzt.

Mit Unbehagen spürte ich diese Kälte den Rücken hinauf kriechen, ehe sie mir unter die Wurzeln der Kopfhaare kroch. In meinen Ohren begann es seltsam zu rauschen.

Und dann hörte ich eine, diesen Misston über-lagernde, dunkle Stimme.

„Sie sind der Schriftsteller Berger? Ronny Berger?"

Während ich zeitlupenartig zu nicken begann, schlossen sich plötzlich die Strudel, und die dünne Eisschicht zerfiel in winzige Kristalle. Mein Blick, nunmehr dieser Fessel entledigt, begann vorsichtig zu wandern.

Ich sah einen im Verhältnis zur gesamten Körperproportion recht klein geratenen Kopf, was von dem kurz gehaltenen Blondschopf noch unterstrichen wurde. Die Ohren, die aus fein modelliertem Porzellan gemacht schienen, die liebevoll heraus gemeißelte Nase, das angriffslustig nach vorn geschobene Kinn und die ein wenig blassen, aber wunderschön geschwungenen Lippen – dies alles wirkte winzig, aber ungemein anziehend. Auch ihren, von einem hellblauen Brusttuch nur spärlich bedeckten, Oberkörper durfte man als außergewöhnlich zierlich bezeichnen.

Je länger ich sie anstarrte, umso stärker machte sich das Rauschen im Kopf bemerkbar. Wer war diese Frau? Eine Fremde, die mir aber immer vertrauter zu werden schien, je länger ich sie ansah.

Jetzt stand sie auf und strich mit synchroner Bewegung beider Hände den extrem kurzen Rock glatt. Diesen Händen folgend, irrte mein Blick über ein paar weit ausladende Hüften, glitt dann die sehr stämmigen, aber durchaus ansprechend geformten, Beine hinab, bis hinunter zu den in wahnsinnig hohen Pumps steckenden Füßen. Ich schätzte auf Schuhgröße zweiundvierzig!

Wow – Oberkörper und Fahrgestell schienen schlecht aufeinander abgestimmt. Es war, als hätte ein Gärtner eine zartgliedrige Rose auf den kräftigen Ast eines Pflaumenbaumes gepfropft.

Hoppla! Diesen Vergleich kannte ich doch! Ich hatte ihn selbst erfunden und benutzt. Und diese eigenartige Disharmonie ihres Körpers kam mir plötzlich sehr bekannt vor.

Sie ging die paar Schritte auf mich zu und legte ihre kleinen kühlen Hände auf meine Schultern. Ihre Daumen ließ sie dabei leicht über meine Schlüsselbeine kreisen. Vielleicht wäre ich unter dieser Berührung zusammengezuckt, wenn ich diesen Kontakt nicht schon gekannt – halt – nein – etliche Male beschrieben hätte.

Die Idee war mir gekommen, als sich die temperamentvolle Rita, extrem hohlkreuzig auf mir sitzend, ein wenig übernommen hatte und irgendwann schnaufend ihren verschwitzten Oberkörper nach vorn fallen ließ. Dabei klatschten ihre liebesfeuchten Hände auf meine Schultern und ich spürte, wie sich ihre Daumen schmerzhaft unter die Schlüsselbeine schoben.

„Das geht auch zärtlicher", hatte ich gemault.

Rita musste das sofort eingesehen haben, denn bereits nach einem tiefen Durchatmen war aus dem unangenehmen Druck ein sanft kreisendes Streicheln geworden. Und schon besaß ich eine „außerirdische" Spielart der Begrüßung.

Gleich würde die fremde und doch so vertraut wirkende Besucherin die mir sattsam bekannte Begrüßungsformel in der Sprache der Indiruki murmeln. Schon öffnete sich ihr kleiner Mund, doch ich kam ihr zuvor.

„Desilci!" Wie von selbst formten meine Lippen diesen Namen. „Desilci, wie...?"

Ich brach ab, weil mir bewusst wurde, dass ich im Begriff war, mit einer Halluzination kommunizieren zu wollen.

Verdammt – was war mit mir los? Ich hatte zwar vor einer Stunde mit meiner Lektorin und dem Verleger ein Glas Sekt geleert, aber deshalb mussten ja nicht gleich die eigenen Romanfiguren auf meiner Couch herum lümmeln.

Ich schloss die Augen, schüttelte heftig den Kopf und glaubte so, den Spuk vertrieben zu haben.

Mitnichten! Als ich die Lider vorsichtig wieder hob, stand Desilci noch genauso vor mir. Ihre Hände waren von meinen Schultern geglitten, und ich sah sie zurückhaltend lächeln.

„Ich bin kein Phantom", kam sie mir zuvor. „Ich bin Desilci, die persönliche Referentin, der *Göttlichen Mutter der Vernunft*. Du zweifelst? Berühre mich doch, und du wirst spüren: Ich bin aus Fleisch und Blut!"

Ich schaute sie zögernd an und nahm Gefühle wahr, die ich bereits schreibend tausendfach durchlebt hatte. Vorsichtig hob ich die Hand. Dass diese dann ausgerechnet auf einer ihrer winzigen Brüste landete, war – ich schwöre es – reines Versehen.

Eine schallende, aber mehr noch ernüchternde Ohrfeige war die prompte Antwort. Tatsächlich – sie war aus Fleisch und Blut!

Die Verwirrung schien auf beiden Seiten perfekt.

„Sei dankbar, dass du hier und jetzt lebst", zischte sie, und ihr schmaler Brustkorb hob und senkte sich in keuchender Entrüstung. „Du weißt ja – dafür gäbe es die Höchststrafe."

„Ja, ja – das Imperium der *Göttlichen Mutter der Vernunft*", sagte ich und dachte an die von mir erfundenen, in nackten Fels gehauenen Verliese, in denen Männer, die durch aggressives Verhalten aufgefallen waren, bei lebendigem Leibe langsam vermoderten. Das kam allerdings nur selten vor. Normalerweise verharrten die wenigen männlichen Zuchtexemplare in eingedrillter Demut.

Desilci hatte inzwischen ihre Fassung zurück gewonnen, sich wieder auf der Couch niedergelassen und eine neue Eisschicht auf die Pupillen gezaubert. Ich vermochte mich nicht zu rühren.

„Interessiert es dich gar nicht, was mich hierher geführt hat?", fragte sie schließlich und schlug die rassig massigen Beine übereinander.

Ich stand immer noch regungslos, hielt den Kopf leicht gesenkt und fühlte mich wie mein Hauptprotagonist, der einen ganzen Roman lang Desilcis Zuckerbrot genossen, aber auch deren Peitsche gespürt hatte.

„Ich bin gekommen, um den einzigen Mann auf dieser Welt kennen zu lernen, der unsere Achtung genießt und den wir uneingeschränkt verehren. Dein Roman *Diktatur der weiblichen Vernunft* war es, der unseren Vorfahren damals den einzig richtigen Weg wies. Deine Gedanken und Ideen, deine Argumente und Handlungsanleitungen haben die Welt verändert! Fast drei Jahrhunderte haben wir gebraucht, um das von dir romanhaft vorgelebte Ziel einer harmonischen, fast männerlosen Gesellschaft zu verwirklichen. Ich bin nicht die Desilci aus deinem Roman. Ich bin ihr nur sehr ähnlich. Ich trage ihren Namen, und ich fülle ihre Rolle aus. Nach mir wird es immer wieder neue Desilcis geben."

Wenn ihr Auftreten nicht so überzeugend echt gewesen wäre, ich hätte laut gelacht. Für einen Moment kam mir der Gedanke, dass sich jemand aus dem Verlag einen Scherz mit mir erlaubte. Aber warum?

Auf ihren ernsten Ton eingehend, wagte ich zu fragen, woher sie so gut über den Inhalt meines Romans informiert sei. Schließlich läge er ja noch als Manuskript bei meinem Verleger.

Um ihre Lippen spielte ein nachsichtiges Lächeln, während sie in ihrer voluminösen Handtasche zu kramen begann. Schon holte sie ein, in kostbares, schwarzes Leder gebundenes Buch hervor und hielt es mir entgegen. Tatsächlich!

Diktatur der weiblichen Vernunft

stand da in großen, dicken und obendrein noch golden geprägten Lettern.

„Wo hast du das her?", fragte ich in ungläubiger Atemlosigkeit.

„Das bekommt bei uns jedes Mädchen überreicht, sobald es lesen und schreiben gelernt hat."

Ich griff hastig nach dem Buch, das mir auch bereitwillig überlassen wurde. Ich blätterte eine Weile kopfschüttelnd darin herum, bis ich bei einer Seite hängen blieb, die durch ein Lesezeichen markiert war.

Ich las:

Welche Sorte Mensch ist es, die stets nach Macht und Einfluss strebt und die dabei viel zu leicht bereit ist, die Schwelle zu psychischer und physischer Gewalt zu überschreiten?

Wer ist nie mit dem Erreichten zufrieden und muss dem Drang nach immer mehr, immer besser, immer vollkommener zwanghaft folgen, ohne sich über die Auswirkungen seines mitunter sogar segensreichen Schaffens bereits vorher ausreichende Gedanken zu machen?

Wer stellt stets den Intellekt über das Gefühl, und wer denkt angeblich stets rational, um sich im gleichen Atemzug in geistigen Höhenflügen zu verlieren?

Wer versucht, ständig vor sich und seinem Umfeld eine krankhafte Überlegenheit zu demonstrieren und diese notfalls auch in gefährlichen Auseinandersetzungen mit anderen Vertretern seiner Spezies durchzusetzen?

Wer ist bereit, eine tiefe Liebesbeziehung bedenkenlos der Befriedigung rein triebhaft sexuellen Gelüsten zu opfern?

Wer möchte stets Herr, nie Diener sein?

Der Mann!

Ein Geschöpf, das zu enormen Taten fähig ist, wenn es um die eigene Selbstdarstellung geht, das aber gleichzeitig gegen die normalen täglichen Verpflichtungen eine unüberwindbar erscheinende Abscheu empfindet.

Der Mann – ein Irrläufer der Evolution!

Ich klappte das Buch nachdenklich zu. War ich zu weit gegangen? Aber als ich diese Sätze zu Papier brachte, fand ich die Thesen zumindest diskussionswürdig und hatte die Handlung des Romans danach ausgerichtet. Ein Fehler? Ich kam nicht dazu, weiter darüber nachzudenken, denn Desilci meldete sich wieder zu Wort.

„Nicht nur ich wollte dich kennenlernen. Alle Bewohnerinnen unseres Planeten möchten das. Und du wiederum sollst dich mit eigenen Augen von der praktischen Vollkommenheit des, von uns nach deinen Ideen erschaffenen Matriarchats überzeugen. Komm mit!"

Damit stand sie auf, zog wieder umständlich den Rock glatt und trat so dicht an mich heran, dass sie eines meiner Handgelenke umfassen konnte.

Erneut lief es mir eiskalt den Rücken hinunter. Irgendetwas in mir ließ Sirenen aufheulen. Instinktiv spürte ich, dass diese Frau auch meinte, was sie sagte. Wollte sie tatsächlich zu der von mir auf den Namen Azutos getauften Galaxis aufbrechen? Hin zum Planeten Paraja, hunderte Lichtjahre von der Erde entfernt? Gab es diesen vormals unbewohnten Planeten wirklich? Angehörige einer uns weit überlegenen Zivilisation waren vor Jahrtausenden auf die Idee gekommen, Menschen dort anzusiedeln. Menschen, die sie einfach von der Erde herüber gesprüht hatten und denen sie auf dem Paraja eine neue Heimat gaben. Nichts weiter, als ein gigantisches, kosmisches Experiment dieser hochintelligenten Wesen. Wahrscheinlich handelten sie allein nach dem Motto: Mal sehen, was daraus wird.

Dahin sollte ich jetzt mit ihr...? Quatsch! Diesen Planeten gab es doch nicht wirklich! Erst meine Einbildungskraft hatte ihn entstehen lassen.

Und Desilci? Obwohl auch nur ein Produkt meiner Phantasie, stand sie doch leibhaftig vor mir, sprach mit mir und wollte mich nun in ihre Welt entführen, von der ich logischer Weise annehmen musste, sie existiere nur in meiner Vorstellung. Gab es da etwas, von dem ich – von dem die Menschheit nichts wusste? Existierte irgendwo da draußen eine geheimnisvolle Kraft, mit deren Hilfe sich Phantasien materialisieren ließen?

Verwirrt schloss ich die Augen. Ich spürte, wie mich die Angst vor etwas Unbekanntem schaudern ließ.

Doch Angst verleiht auch Kräfte. Es gelang mir, mich von Desilci loszureißen. Langsam rückwärts ausweichend, versuchte ich Distanz zu dieser unheimlichen Person zu gewinnen.

Doch sie folgte mir. Ein Schritt ich – ein Schritt sie. Schließlich stieß ich mit dem Rücken gegen die Wand.

Endstation.

Wieder fühlte ich ihre Hände auf meinen Schultern. Unsere Augen befanden sich fast auf gleicher Höhe. Mit einer gewissen Erleichterung stellte ich fest, dass diesmal kein Eis ihre Iris trübte. Die dunkelblauen Pupillen präsentierten sich klar und offen. Der Blick schien aus mir unbekannten Tiefen empor zu tauchen. Und während sich von ihren Händen plötzlich eine durchdringende Wärme auf mich übertrug, sah ich ihren Mund verheißungsvoll lächeln.

Das war die andere Desilci. Mein Protagonist, den sie im Roman zärtlich ihren Doftjum nannte, hatte diesem Lächeln auch nicht widerstehen können.

Was für eine Frau!

Doftjum hatte sie zutiefst gehasst, da sie ihm alles nahm, was er zu lieben geglaubt hatte. Gleichzeitig war er ihr bis zum Wahnsinn erlegen, weil sie ihm ihre Liebe schenkte.

‚Doftjum', dachte ich. ‚Bin ich das?'

Ich vermochte plötzlich nicht mehr, zwischen Romanhandlung und Realität zu unterscheiden und spürte, wie beide Ebenen unter ihrem Blick zu verschmelzen begannen.

„Komm mit!"

Dieses verführerisch dunkle Raunen fegte die Angst aus meinen Kopf. Ich ahnte, ich würde ihr überall hin folgen.

Sie schlug den Weg zum Schlafzimmer ein.

‚Jetzt wird es interessant', dachte ich in ihrem Schlepptau.

Fast körperlich spürte ich die feinen Fäden, aus dem das Netz gewebt war, das Desilci über mich geworfen hatte. Ronny-Doftjum hatte sich verfangen und verspürte nicht einmal den Drang sich zu befreien.

Während der paar wenigen Schritte über den Korridor fühlte ich plötzlich immer sündiger werdende Gedanken in mir hoch schießen. Mein Herz wurde zur Dampframme, und es war nicht Angst, sondern Vorfreude, die immer lauter in mir pochte.

Ich sah mich schon mit ihr... da durchzuckte mich das Schamgefühl. Ich dachte an mein ungemachtes Bett. Wo Desilci doch in solchen Dingen stets so überaus pingelig war.

Aber sie würdigte die verknäulte Bettdecke auf dem zerknautschtem Laken keines Blickes. Sie ging vielmehr schnurstracks auf ein eigenartiges Gerät zu, von dem ich schwören könnte, dass es heute früh noch nicht dagestanden hatte. Es besaß eine gewisse Ähnlichkeit mit so einem Hometrainer, mit dessen Hilfe leicht bis mittelschwer verfettete Mittfünfziger gegen den Herzinfarkt anstrampeln. Bei diesem Modell fehlten allerdings die Pedalen. Das gewaltige

Rad erinnerte mehr an eine beachtliche Schwungmasse, und anstelle des Sattels gab es einen bequemen Doppelsitz.

„Ahnst du, was das ist", fragte Desilci und ließ den Blick prüfend über ein mit grellbunten Dioden bestücktes Display gleiten.

„Nö."

„Das ist ein Tövd-Vedse", sagte sie ernst und strich prüfend über die Bedieneinheit, die sich etwa dort befand, wo beim Hometrainer der Lenker zu sitzen pflegt.

„Und damit willst du mich zum Paraja entführen?", fragte ich und schaute misstrauisch auf das komische Gerät.

„Paraja?"

Einen Moment lang rollte sie verständnislos mit ihren wunderschönen Augen. Es schien eine Weile zu dauern, bis sie begriff. Dann schüttelte sie lachend den Kopf.

„Keine Ahnung, ob es einen solchen Planeten gibt. Ich nehme an, er entspringt nur deiner Phantasie. Nein. Wir bleiben hübsch auf unserer Erde. Deine Ideen wurden nicht auf einem fremden Planeten, sondern hier verwirklicht."

Ich verstand überhaupt nichts mehr und fühlte Ernüchterung in mir aufkommen. Das Netz bekam Löcher. Also doch nur ein Scherz!

Der Ernüchterung folgte Erleichterung. Ich atmete auf und versäumte dabei sogar, wütend zu werden.

„Hast mich aber ganz schön reingelegt", brummte ich nur. „Jetzt musst du mir nur noch erklären..."

„Gern – das hier ist eine Zeitmaschine."

„Häh?"

„Ich weiß. So etwas kommt in deinem Roman nicht vor. Wir haben sie erst vor wenigen Jahren entwickelt. Damit konnten wir übrigens erneut deine These, den Frauen fehle es an Kreativität, eindeutig widerlegen. Du siehst, auch du kannst irren, wenn auch nur in diesem einen Punkt. Nimm Platz!"

Ich spürte am Kribbeln meiner Haarwurzeln, dass ich nicht mehr glaubte, nur verscheißert zu werden. Irgendetwas in Desilcis Augen zwang mich, auf dieses Gerät zu klettern.

„Zeitmaschine", murmelte ich und dachte flüchtig daran, dass ich noch nie versucht hatte, dieses Thema literarisch anzugehen.

Ehrfürchtig blickte ich auf das Display und bewunderte die vielen sich ständig verändernden Kurven und Linien.

„Und das Ding funktioniert wirklich?", fragte ich, ohne Zweifel an ihrem klaren „Ja" zu haben, das dann auch prompt folgte.

„Es muss doch ziemlich schwierig sein, diese Maschine zu bedienen. Da darf nichts schief gehen. Ich meine: Beherrschst du wirklich diesen komplizierten...?"

„Da mach dir mal keine Gedanken. Es ist alles vorprogrammiert. Ein Druck dort auf die grüne Taste und wenig später sind wir im Jahr 2340. Freust du dich darauf, bei unserer Ankunft von tausenden Frauen umjubelt zu werden?"

Ich schluckte krampfhaft, denn ich spürte instinktiv – Desilci sprach die Wahrheit. Sie stammte aus einer Zeit, in der die Frauen die Männer nahezu abgeschafft hatten. Eine matriarchalische, von purer Vernunft diktierte Gesellschaft, in der lediglich wenige männliche Exemplare für Zuchtzwecke gehalten wurden und die nach einigen Jahren regelmäßiger Sperma-Abgabe ein freudloses Kastratendasein fristeten.

Scheiße!

Und das alles nur, weil mit mir die Phantasie durchgegangen war. Schrecklich! Aber es war wohl geschehen.

Und plötzlich regte sich Widerstand in mir. Nein, dieses von mir verschuldete Elend würde ich mir nicht ansehen. Entschlossen kletterte ich von dem Gerät.

„Du wirst doch wohl nicht kneifen wollen?", klang es halb drohend, halb belustigt an meinem Ohr.

Ich schielte zu Desilci. In der Hand hielt sie etwas Blitzendes. Ich wusste, ein Knopfdruck würde genügen, um mich in eine kleine Ohnmacht zu versetzen. Auch eine meiner Erfindungen.

Seufzend gehorchte ich ihrer unmissverständlichen Geste und nahm wieder brav Platz.

Auf einmal war mir hundeelend. Und ich mochte mir nicht einmal in den Schenkel kneifen, um endlich aus diesem verrückten Traum aufzuwachen. Ich wusste auch so, es war kein Traum.

„Es geht sehr schnell", erklärte Desilci und setzte sich neben mich.

Die kleine blitzende Waffe hielt sie dabei weiter auf mich gerichtet.

„Ich brauche nur den akustischen Code einzugeben und den Zynned.... Göttliche Mutter der Vernunft! Wo ist denn der Zynned? Ich muss ihn... Rühr dich nicht von der Stelle!"

Schon sprang sie vom Sitz und eilte aus dem Schlafzimmer. Sie musste wohl ihre Handtasche samt Zynned – wahrscheinlich eine Art Zündschlüssel – auf der Couch liegen gelassen haben.

‚Typisch Frau', dachte ich mit einem Anflug von Sarkasmus und ließ meinen Blick wieder über die verwirrenden Anzeigen des Displays gleiten.

Plötzlich durchzuckte es mich. Alle Zahlen und Kurven veränderten sich – bis auf eine.

18. Februar 2340! – Das Zieldatum!

Unter dem Feld befanden sich zwei Knöpfe. Ich drückte den, auf dem ein Minuszeichen stand. Glück gehabt! Es schien zu funktionieren.

Aufgeregt sah ich zu, wie sich die Werte veränderten. Die Ziffer für die Jahreszahl lief rückwärts. Ich hielt den Finger auf dem Knopf, bis Desilci wieder auftauchte. Ein unauffälliger Blick zum Datum. *18.Februar 2000!* Hoppla! Das war ja schon ein Jahr Vergangenheit! Aber ich besaß keine Gelegenheit mehr zur Korrektur.

‚Wenn nur Desilci nichts bemerkt', durchfuhr es mich.

Schon saß sie neben mir, und der Schlüssel – um einen solchen handelte es sich tatsächlich – fuhr ins Schloss. Eine Umdrehung, dann die halbblau eingegebene Codformel.

„Neswud möhyd nagert."

Dann folgte der Druck auf die grüne Taste.

Unter meinem Hintern fühlte ich ein leichtes Vibrieren. Ich atmete auf und wagte sogar ein heimliches Grinsen. Wussten die Frauen des vierundzwanzigsten Jahrhunderts nicht mehr, dass die meisten Männer allen technischen Dingen auf den Grund zu gehen pflegen?

Ein leise singender Ton begann den Raum zu erfüllen. Als er lauter wurde, verzerrten sich plötzlich Wände, Decke und Fußboden. Ich sah noch, wie sie sich zu bizarren Konturen verwarfen – dann verlor ich das Bewusstsein.

Ich weiß nicht, wie lange es gedauert hat, bis ich wieder zu mir kam. Als es geschah, fand ich mich in meinem zerwühlten Bett wieder. Neben mir die vertraute Wärme eines wohlig erschlafften Frauenkörpers.

„Na, endlich aufgewacht? Habe ich dich vorhin ein wenig überfordert, mein Schatz? Du wirst doch nicht alt werden?"

Rita!

Ich zog das lüstern schnurrende Bündel liebevoll an mich. Als ich ihren warmen Atem im Gesicht spürte, fiel mir eine schwere Last vom Herzen. Alles nur geträumt!

„Aber Nummer sechsundsiebzig hat glänzend funktioniert. Wenn du dir noch angewöhnen könntest, deinen kleinen Zeh aus meinem linken Nasenloch heraus zu halten, dann wird es perfekt", hörte ich sie glucksen.

Uff! Dieser Satz kam mir bekannt vor. Ich hatte ihn damals im Winter...

Ich drehte den Kopf zum Fenster, sah die weiß verschneiten Wipfel der beiden Linden im Garten und wusste, ich hatte **nicht** geträumt. Irre!

„Los jetzt! Raus aus den Federn!"

Rita hatte sich aufgerichtet, die Bettdecke von sich geworfen und war nun dabei, mich kräftig zu rütteln.

„Schon vergessen, dass wir heute beim Italiener essen wollten? Du hast es mir vorige Woche fest versprochen!"

Ich glaubte mich zu erinnern und schaute zur Uhr. Wir waren spät dran. Während Rita im Bad verschwand, tappte ich ins Arbeitszimmer und warf den Computer an.

„Du willst doch nicht etwa noch arbeiten?", drang es entrüstet durch die offene Badezimmertür.

„Dauert nur einen Augenblick!", versuchte ich sie zu beruhigen.

„Das sagst du immer. Seit du an dem blöden Weiber-Roman schreibst, bist du..."

„Keine Sorge, Schatz. Ich habe ihn gerade gelöscht."

Der Lenz ist da

Der Frühlingswind trägt's ins Büro.
Von der Kantine bis zum Klo
macht die Botschaft nun die Runde:
„Der Lenz ist da!" Welch frohe Kunde
sollt' man meinen, aber nein,
hier scheint niemand sich zu freu'n.

Abteilungsleiter Willi Graf
fährt hoch aus seinem Winterschlaf.
Reibt müde sich die schlaffen Lider,
dann macht er treu und brav sich wieder
ans Aufarbeiten seiner Akten,
ruft ins Gedächtnis sich die Fakten
und brummelt sichtlich unzufrieden.
„Ach wär' der Lenz doch fortgeblieben."

Auch Sekretärin Karin Schliert
die wirkt wohl eher recht frustriert.
„Was schon so zeitig? Lieber Schreck.
Wie seh ich aus? Mein Winterspeck!
Er wird vom T-Shirt kaum kaschiert!",
ruft sie vorm Spiegel hin drapiert.

Die Elke Hurtig vom Versand
Hat sofort ihren Part erkannt.
Ein Frühlingsstrauß muss auf den Tisch.
Osterglocken noch ganz frisch.
Und hurtig läuft sie aus dem Haus
Hin zur Wiese – doch, oh Graus.
Sie kommt zu spät, dem Parkplatz naht
ne Limousine – Großformat.

Er war so lange weg gewesen.
Von langer Krankheit nun genesen
wälzt er sich aus dem dicken Benz
Betriebsdirektor Friedrich Lenz.

Die Tippse und ihr Chef

Die Kirchturmuhr hatte soeben zweimal geschlagen, als sich im ersten Stock des Rathauses ein Fenster öffnete. Im Rahmen erschienen Kopf und Oberkörper eines Mannes, dessen Gesicht die Farbe einer voll ausgereiften Tomate besaß. Während er sich eine schweißfeuchte Strähne seines rotblonden Haares aus der Stirn strich, schaute er hinunter auf den kleinen holprigen Marktplatz, wo das ohnehin etwas phlegmatische Treiben zwischen den Verkaufsbuden allmählich abzuebben begann.

Dieses betuliche Kleinstadtmotiv konfrontierte ihn erneut mit der Tatsache, dass heute Freitag war und die meisten städtischen Angestellten, dank tariflich verankerter Gleitzeit, längst ihr Wochenende begonnen hatten. Und ausgerechnet er, Stadtkämmerer Gottfried Säckel, blieb an sein Arbeitszimmer gefesselt, nur weil er diesen höchst unangenehmen Bericht unbedingt heute noch vorlegen musste.

Langsam hob er den Kopf, und seine wässrig blauen Augen bekamen einen melancholischen Glanz, als sich ihr Blick hinter der buckligen Ansammlung roter und grauer Dächer verlor. Irgendwo dort hinten, nicht weit vom Stadtrand, wusste er sein kleines Wochenendhaus. Vor wenigen Jahren preiswert erstanden und liebevoll aufgepeppt, war es zu einem bestimmenden Faktor seines Daseins geworden.

‚In einer Stunde wird Margot die Kaffeemaschine in Gang setzen. Ich muss sie unbedingt anrufen und ihr sagen, dass es später wird‘, dachte er.

Schuld an seiner Misere waren einige Stadtverordnete, die ihm unbedingt etwas am Zeug flicken wollten. Saubande! Er würde ihnen eine gehörige Abfuhr erteilen. Bereits heute früh hatte er sich schlagkräftige Argumente zu seiner Rechtfertigung einfallen lassen. Aber wo waren sie auf einmal hin? Verdammt! In seinem Kopf spürte er nur einen einzigen Strudel, der ihm den berühmten roten Faden immer wieder entriss.

Schwer stützte er sich auf das Fensterbrett, weitete den schmächtigen Brustkorb und atmete tief durch. Doch auch mittels gesteigerter Sauerstoffzufuhr wollte es ihm nicht gelingen, seine Gehirnzellen neu zu motivieren.

Als auch nach dreimaligem Pumpen dieses Chaos in seinem Kopf noch immer keine Anstalten machte, sich endlich zu ordnen, hätte er am liebsten tief aufgeseufzt.

Doch ein Chef seufzt nicht in Gegenwart seiner Sekretärin.

Diese saß keine vier Schritte von ihm entfernt an dem stabilen Konferenztisch und zählte gedankenverloren die Blätter an dem monströsen Gummibaum, der mindestens ein Sechstel des tristen Arbeitszimmers für sich beanspruchte. Aus den Augenwinkeln nahm sie wahr, wie sich ihr Chef in nunmehr verzweifelter Entschlossenheit vom Fensterbrett abstieß, mit hastigen Schritten zum Schreibtisch zurück kehrte und sich in dem klobigen Sessel fallen ließ.

„Furchtbar, diese Hitze", hörte sie ihn theatralisch stöhnen und sah, wie er mit zwei Fingern über die verschwitzte Innenseite seines Hemdkragens fuhr.

„Macht Ihnen das gar nichts aus, Fräulein Redlich?"

Ellen Redlich unterbrach ihre Blattzählung, hob den Kopf und schüttelte ruckartig ihr langes schwarzes Haar nach hinten.

Sie hasste es, wenn er sie „Fräulein" nannte.

Schließlich war sie achtundzwanzig Jahre alt und befand sich seit geraumer Zeit in festen Händen. Ihr fehlender Trauschein berechtigte diesen mickrigen Zahlenverdreher noch lange nicht, sie immer und überall wie eine vertrocknete Handarbeitslehrerin zu titulieren. Außerdem verkörperte sie alles andere, als das, was man landläufig unter einem Mauerblümchen oder gar einer bereits leicht angetrockneten Jungfrau zu verstehen pflegte.

Doch heute war nicht der Tag, an dem Säckel sie aus ihrer gelösten Heiterkeit zu bringen vermochte.

Sie straffte ihren Oberkörper, brachte ihren beachtlichen Busen in ‚Hab-Acht-Stellung' und grinste ihren Boss fröhlich an.

„Also, wo waren wir stehen geblieben?", fragte Säckel und fügte den Furchen auf seiner Stirn noch ein paar Kunstfalten hinzu.

„Stehen geblieben? Am Fenster!", gluckste Ellen und freute sich über die allmähliche Veränderung in seinem Gesicht.

Erst war da ein völlig verständnisloser Blick, dann erreichten die Augenbrauen beinahe den spärlichen Haaransatz, ehe sich schließlich die Mundwinkel ungnädig verzogen.

„Ich verbitte mir solch dumme Bemerkungen! Wir haben ernsthaft zu arbeiten!", fauchte er und maß sie mit einem giftigen Blick.

„Entschuldigung", sagte sie betont artig und griff eilig nach dem Stenoblock.

Doch in ihren Augen saß immer noch eine ungewohnt aufmüpfige Fröhlichkeit.

„Den letzten Absatz!", bellte er.

Während sie vorlas, was er sich in der vergangenen Stunde bereits mühsam abgerungen hatte, schien es fast, als würde sich der Nebel hinter Säckels Stirn ein wenig lichten.

„Schreiben sie!", sagte er hastig, als hätte er Furcht, sein Gedankengang könne sich sofort wieder verflüchtigen.

„Unter Bezugnahme auf Vorgenanntes, kann ich feststellen, dass hinsichtlich der speziell für die sächlichen Kosten, die die Ausstattung mit Büromöbeln betreffen, die Verantwortung für die Überziehung von gegenseitig nicht deckungsfähigen Ausgabetiteln bei dem Leiter der allgemeinen Verwaltung...äh..."

Er hatte sein Pulver verschossen.

Ellen sah die Hilflosigkeit in seinen Augen und gönnte ihm diese von Herzen. Mit wachsender Schadenfreude beobachtete sie die drei kleinen Schweißperlen, die sich auf seiner Stirn gebildet hatten.

‚Toll, jetzt hat sich dieser aufgeblasene Hohlkopf so sehr in seinem eigenen Wortdschungel verirrt, dass er allein nie wieder herausfindet', dachte sie und konnte sich ein Schmunzeln nicht verkneifen. ‚Immer den großen Chef markieren, aber nicht einmal in der Lage, auch nur einen halbwegs vernünftigen Satz zu diktieren. Dein Sachbearbeiter ist im Urlaub, und so bleibt es diesmal an dir hängen. Endlich hast du ausreichend Gelegenheit, deine Unfähigkeit mal so richtig unter Beweis zu stellen.'

Mit zunehmenden Vergnügen beobachtete sie, wie Säckel verzweifelt mit den Augen rollte, ein paar Mal sinnlos den Mund auf und zu klappte und dabei nicht mehr als ein röchelndes „Äh" hervor brachte. Ein Bild des Jammers!

„...zu suchen wäre", ergänzte sie sanft und musste sehr viel Selbstbeherrschung aufbringen, um ein albernes Kichern zu vermeiden.

„Wie? Ja, richtig!"

Er lachte befreit auf und leistete sich einen betont gönnerhaften Ton, als er sagte: „Ich sehe, Sie beginnen mitzudenken."

„Oh, nein", wehrte sie ab, „ich meinte, zu suchen wäre jetzt ein vernünftiges Ende für dieses unmögliche Satzgebilde."

Das herablassende Wohlwollen auf seinem Gesicht verwandelte sich schlagartig in blanke Wut.

„Fräulein Redlich, wenn Sie meinen, sie könnten mich für dumm verkaufen und meine Gutmütigkeit Ihnen gegenüber ausnutzen, dann haben sie sich gründlich getäuscht. Ich kann auch anders!"

Sein dürrer Adamsapfel hüpfte in einem beängstigend schnellen Rhythmus auf und nieder. „Solche Frechheiten können Sie sich woanders erlauben, aber nicht bei mir! Sie scheinen nicht mehr zu wissen, wen sie vor sich haben!"

‚Oh doch!', dachte sie. ‚Ich weiß genau, wen ich vor mir habe. Mir gegenüber sitzt der kleine, stets ängstlich beflissene Buchhalter aus der volkseigenen Gurkeneinlegerei, den die große Wende unverdient ins Rathaus gespült und sogar zum Stadtkämmerer gemacht hat. Und in deiner Verblendung glaubst du sogar an einen Aufstieg aus eigener Kraft. Obwohl, wenn ich bedenke, wie viel Energie du aufgewandt hast, um dich bei der neuen Obrigkeit einzuschmeicheln und wie viel Kraft es dich gekostet hat, um wesentlich fähigere und somit als gefährliche Konkurrenz einzustufende Kollegen gekonnt zu denunzieren – dann muss man dir wohl tatsächlich ein wenig eigenen Verdienst zugestehen.

Aber da war noch etwas. Natürlich – du hattest das richtige Parteibuch. Kannst du dich nicht mehr erinnern, wie eifrig du im sozialistischen Alltagskonzert die Blockflöte geblasen hast? Und wie bist du vor dir selbst erschrocken, wenn dir aus Versehen ein Misston entfuhr? Dann hast du ganz verstört auf den Kapellmeister von der SED-Kreisleitung geschaut und dich mit demütig gesenktem Kopf und voller Eifer über die vorgeschriebenen Noten gebeugt.

Und jetzt? Was hat sich geändert? Lediglich der Dirigent ist ein anderer. Er heißt Bock, ist seines Zeichens Bürgermeister dieses Kaffs und Mitglied der CDU, jener Partei, die dich als armseligen Mitläufer in der ehemaligen Bauernpartei mit viel zu offenen Armen aufgenommen hat.

Nun bist du in dem neuen Orchester sogar zum Solisten avanciert. In deiner grenzenlosen Selbstüberschätzung merkst du gar nicht, wie abhängig du bist. Abhängig vom

Wohlwollen deiner Vorgesetzten und von der mit Fleiß ge-
paarten Sachkenntnis deiner Untergebenen.

Das Einzige, worauf du wirklich stolz sein kannst, ist dein
Instinkt, der dir immer im rechten Moment sagt, wo Unter-
würfigkeit von Nöten ist. Was für ein erbärmliches Dasein!'

Sie sah, wie er aus dem Sessel sprang und wieder ans Fens-
ter trat. Halblaut gesprochene Satzfetzen drangen an ihr
Ohr. Sie hörte, wie er etwas von „dreist", „unverschämt"
und „…wird mich noch kennenlernen" vor sich hin grollte.

Das ironische Lächeln in ihrem Gesicht vertiefte sich.

‚Ich soll dich kennenlernen? Oh, du heilige Einfalt! Glaub
mir, niemand kennt dich so gut wie ich! Ich habe dich stu-
diert! Zwölf lange Monate bin ich dir imaginär kaum von
der Seite gewichen. Du hast es nur nie bemerkt.

Angefangen hat es schon am Tag meiner Einstellung. Ich
gebe zu, in den ersten Stunden hatte ich einen guten Ein-
druck von dir. Du hast meine Computerkenntnisse gelobt
und sehr viel Verständnis für die typischen Fehler einer An-
fängerin gezeigt.

Aber dann kam die Mittagspause, und auf dem Weg zur
Kantine lief dir der Leiter des Ordnungsamtes über den
Weg.

„Na, zufrieden mit deiner neuen Sekretärin?", hatte der
gefragt.

„Ach, ich kann nicht klagen. Sie scheint ein bisschen ein-
fältig zu sein, aber sie kocht einen guten Kaffee. Und sie hat
ein niedliches Gesicht, ziemlich große Titten und einen kna-
ckigen Arsch – alles, was eine Tippse so braucht."

Dann habt ihr schallend gelacht und seid über eure
Hähnchenschnitzel hergefallen. Ich hätte vor Wut und
Scham heulen können.

Dann kam die Sache mit dem alten Schlichting, deinem
Stellvertreter.

Ich saß hier an diesem Tisch, als er von dir die Abmahnung erhielt. Aber damit nicht genug. Du hast ihn so fertig gemacht, dass ihm das Hemd plötzlich zu eng wurde.

Am gleichen Abend lag der arme Kerl mit einem Herzinfarkt auf der Intensivstation. An seinem Grab hielt der Bürgermeister eine salbungsvolle Rede, und du hast bedeutungsvoll genickt.

Du mieser Heuchler!

Dabei warst du es, der die Sache verbockt hatte. Aber dir war es wieder einmal gelungen, den Kopf rechtzeitig aus der Schlinge zu ziehen und die Verantwortung für deine eigene Schlampereien auf Schlichting abzuwälzen.

Von da an habe ich dich gehasst.

Und in meinem Hass habe ich dich auf Schritt und Tritt verfolgt. Nichts blieb mir verborgen. Ich brauchte nur die Augen zu schließen und meine extrapolierende Phantasie einzuschalten. Schon war ich dabei.

Ich begleitete dich zu deinen Skatabenden, wo du dich über das Wohlwollen deiner Stammtischbrüder – allesamt einflussreiche Bürger dieser muffigen Kleinstadt – so richtig gebauchpinselt fühlst und ihnen den ganzen Abend zum Munde redest, während sie dir kräftig das Fell über die Ohren ziehen.

Ich sehe dich sonntags würdevoll zur Kirche schreiten, die stocksteife Gemahlin an der Seite. Du lauschst andächtig einer Predigt, von der du nichts verstehst. Du machst beim Singen lautlos den Mund auf und zu, weil du den Text nicht kennst.

Aber man geht ja neuerdings wieder in die Kirche. Von Jesus weißt du genauso viel, wie vordem von Marx – nämlich nichts.

Du übersiehst die skeptisch fragenden Blicke derer, die schon zum Gottesdienst erschienen sind, als du in der Parteiversammlung ein solches Verhalten noch als klassenfeindlich verteufelt hast.

Nun gut, du hast es vergessen. Dein ganzes Leben lang hast du das nachgebrabbelt, was man von dir erwartet hat.

Ich kenne auch deine Wochenenden. Freitags sitzt du bei schönem Wetter auf deiner sonnigen Terrasse, trinkst mit deiner Frau Kaffee, mümmelst an ihrem selbstgebackenen Rührkuchen herum und vertiefst dich anschließend mit Eifer in das lokale Blättchen. Du kommentierst die Artikel mit geifernder Entrüstung oder spendest euphorisches Lob.

Und wenn Frau Margot ein wenig ratlos dreinschaut, lässt du dich zu wohlwollenden Erläuterungen herab. Und du sonnst dich in ihrem Stolz, den sie für ihren, ach so erfolgreichen Mann, zu empfinden vorgibt. Du hast sie gelehrt zu dir aufzuschauen. Und sie tut es mit geheuchelter Inbrunst.

Vielleicht ist sie sich ihrer kläglichen Rolle schon längst nicht mehr bewusst. Und trotzdem – an jedem Tag, den sie mit dir verbringt, entfernt sie sich ein winziges Stück mehr von dir. Du merkst es nicht und bildest dir ein, sie wäre glücklich an deiner Seite. Es ist deine Selbstgefälligkeit, die dich am Sehen hindert.'

Das Telefon riss Ellen aus ihren Gedanken und Säckel weg vom Fenster. Ehe er heran war, hatte sie aber den Hörer schon abgenommen.

„Stadtkämmerei – Redlich am Apparat! Ach, Sie sind es, Herr Bürgermeister! Ja, Herr Säckel ist noch da. Einen Moment!"

Schon reichte sie den Hörer an ihren verdatterten Chef weiter.

„Der Bürgermeister?", ächzte der und eine merkwürdige Blässe begann sein Gesicht zu überziehen.

Säckels Blick irrlichterte nervös über die Papiere auf dem Schreibtisch. Er pumpte einige Male wie ein Maikäfer kurz vor dem Abflug, dann presste er sich übertrieben forsch den Hörer ans Ohr

„Ja, hier Säckel!"

Es folgten Augenblicke stummen Lauschens, wobei der Kämmerer unwillkürlich Haltung annahm.

„Ja, Herr Bürgermeister. Ich arbeite gerade daran. Äußerst komplizierter Sachverhalt. Ich denke, es wird noch eine Weile dauern, bis... Wie? Ach! Nicht nötig? Sie haben das schon mit dem Haushaltsausschuss geklärt? Was denn – die Anfrage ist zurückgezogen? Ha, ha, ha! Wäre den Herren der Opposition auch übel bekommen. Ich war gerade dabei, Ihnen, Herr Bürgermeister, allerschärfste Munition zu liefern. Aber Sie haben auch ohne meine Hilfe bereits voll ins Schwarze getroffen. Allergrößtes Kompliment, Herr Bürgermeister!"

Säckels Züge hatten sich während des Gesprächs zusehends entspannt. Nun wagte er sogar, seine stramme Haltung aufzugeben und seinen mageren Hintern auf die Schreibtischplatte zu schieben.

„Ja, ja. Natürlich. Sie können sich voll und ganz auf mich verlassen. Die Ergänzung zum Nachtragshaushalt? Kein Problem! Die haben sie in einer Stunde. Fräulein Redlich bringt sie Ihnen hoch. Ein erholsames Wochenende wünsche ich, und beste Grüße an die Gattin. Was? Zur Jagd? Na dann – Weidmannsheil, Herr Bürgermeister!"

Säckel knallte den Hörer mit so viel heiterem Schwung zurück, dass ein Kugelschreiber über die Schreibtischkante rollte und genau vor Ellens Fußspitzen liegen blieb.

Während sie sich bückte, um ihn aufzuheben, fühlte sie fast körperlich, wie Säckels Blick in ihren Ausschnitt schwappte. Sie registrierte es mit grimmigem Vergnügen.

‚Ja, glotze du nur! Ich habe heute extra einen Knopf mehr aufgelassen. Nimm einen tüchtigen Blick. Umso mehr wird es dich vor dem knittrigen Busen deiner Margot grausen. Doch gib nicht ihr die Schuld für ihr zeitiges Altern. Unter deinen ungeschickten Knorpelfingern welkt jede Brust früh dahin.'

Ellen richtete sich betont langsam wieder auf und gab Säckel somit genügend Zeit, seine glasig stieren Pupillen von den begehrlichen Rundungen zu lösen.

Als sie ihm den Kugelschreiber reichte und in sein Gesicht schaute, sah sie noch Reste von diesem ekligen „Mit-dir-möchte-ich-auch-mal-Blick" in seinen wasserblauen Augen.

‚Übernimm dich nicht!', dachte sie. ‚Was würdest du denn tun, wenn ich mir jetzt seelenruhig die Bluse ausziehen und den BH ablegen würde?'

Einen Augenblick lang verspürte sie sogar Lust, diesen Gedanken in die Tat umzusetzen – nur um seine blöde Fratze zu sehen – verzerrt von einer Mischung aus Geilheit und Angst.

Wie verlockend wäre es, ihm schallend hinterher zu lachen, wenn er schließlich völlig verdattert die Flucht ergreifen würde.

‚Einer wie du, lässt sich niemals auf ein solches Abenteuer ein. Die Angst, dein Verhältnis könnte entdeckt werden, würde dich umbringen. Um fremd zu gehen, braucht es Mut – oder Liebe. Oft sogar beides. Du kannst weder mit dem einen noch dem anderen dienen. Also spar dir künftig solche Blicke!'

Als fühle er sich ertappt, senkte Säckel die Augen und wuselte mit den Fingern sinnlos auf dem Schreibtisch herum.

‚Ja, so ist es recht. Widme deine ganze Aufmerksamkeit diesem blöden Papierkram. Hebe dir lieber einen Rest von Lüsternheit für morgen auf. Es wird so sein, wie an jedem Samstag. Am frühen Abend noch ein wenig angeln, dann ab nach Hause. Du erscheinst pünktlich zum Abendbrot – in der Hand einen Blumenstrauß von der Tankstelle.

Dann folgt das gemeinsame Abendessen beim romantischen Schimmer der Bildröhre. Du öffnest eine von den Flaschen mit diesem widerlich süßen Rotwein, schenkst die Gläser voll und wuchtest dich dann neben Margot auf die Couch. Das muss als Einleitung genügen. Für eventuelle Zärtlichkeiten ist kein Raum, denn jetzt beginnt das Abendprogramm.

Aber nach dem Fernsehen geht es hurtig unter die Dusche. Und dann rein in die Kiste, wo Margot schon sehnsüchtig deiner harrt.

Bildest du dir jedenfalls ein.

Hast du schon mal ein Opferlamm voller sehn-süchtiger Erwartung gesehen? Glaubst du ernsthaft, Frau Margot würde deinem abgestandenen Sex mit allen Fasern ihres verdorrten Körpers entgegen fiebern? Hast du noch nie diesen Ausdruck stummer Duldung in ihrem Gesicht bemerkt? Hältst du ihr gequältes Stöhnen immer noch für den Ausdruck höchster Ekstase?

Wenige Minuten nach deinem wöchentlichen Überfall wirst du einschlafen. Mit dir und der Welt zufrieden – vielleicht auch ein wenig mit Margot.

Und sie wird wach auf dem Rücken liegen, dein Schnarchen zu ignorieren suchen und an Dinge denken, für die deine Gefühle und deine Phantasie nie ausgereicht haben.

Woher ich das weiß? Nun, ich habe neben euren Ehebetten gestanden, habe dein hektisches Schnaufen gehört und ihren glanzlosen Blick aufgefangen. Ich sagte es ja bereits. Mit meiner Vorstellungskraft war ich stets in deiner Nähe.'

Säckel war damit fertig geworden, den Papierstapel von einer Seite des Schreibtisches auf die andere zu schichten. Er ging zum Aktenschrank und holte einen dicken Ordner hervor.

„Hier drin finden Sie den Nachtragshaushalt mit den handschriftlichen Ergänzungen", erklärte er wichtig.

Er hatte wieder zur Rolle des gestrengen Vorgesetzten zurück gefunden.

„Sie schreiben das jetzt ins Reine. Sie haben dafür eine Stunde."

Damit schob er ihr den das Aktenbündel zu.

„Das... das schaffe ich doch nie!", entfuhr es ihr spontan, und sofort ärgerte sie sich, über den winzigen Moment ihrer Schwäche.

„Das ist ihr Problem."

Sein hämisches Grinsen verriet, wie er den Triumph über die aufsässige Tippse genoss. Demonstrativ schleuderte er seinen Aktenkoffer auf den Tisch, warf den Terminkalender hinein und ließ die Schlösser genüsslich zuschnappen.

„So, Fräulein Redlich. Für mich ist Feierabend. Sie dürfen mir jetzt gern ein angenehmes Wochenende wünschen."

Doch sein offensichtlicher Hohn verfehlte das Ziel. Ellen hatte längst ihr Lächeln wieder gefunden. Das blieb auch unverändert in ihrem Gesicht hängen, nachdem Säckel längst das Büro verlassen hatte.

Sie klemmte sich die Mappe unter den Arm und ging ins Vorzimmer, wo ihr Computer leise summend auf sie wartete.

Nein, ihre Hochstimmung war heute durch nichts zu erschüttern.

Sie setzte sich, öffnete den Ordner und entnahm die Seiten, die es abzuschreiben galt.

Doch bevor sie damit begann, zog sie die unterste Schublade ihres Rollcontainers auf, griff hinein und holte ein Buch hervor, welches sie beinahe feierlich vor sich hinlegte. Liebevoll strich sie über den Einband.

Wieder und wieder las sie den Titel.

DER KÄMMERER
Ein Roman von Ellen Redlich

Gestern war das Buch erschienen. In wenigen Tagen würde es auch in der kleinen Buchhandlung am Markt im Regal liegen. Ellen hörte schon das Gelächter, das es in der Stadt geben würde. Mit ihrem eigenen Lachen machte sie nur den Anfang.

Arges Missverständnis

Überstunden absolviert,
und ein wenig drob frustriert,
fährt Herr Bolle flugs nach Haus,
hin zu seiner Gabi-Maus.

Denkt an sie in dem Gewühle
des Verkehrs, als er Gefühle
plötzlich in den Lenden spürt,
weil der Wagen so vibriert.

Schon sieht er im Geiste sich,
sie umarmend inniglich
und in heißer Liebesglut
ihn das tun, was man dann tut.

Doch da fällt ihm plötzlich ein,
könnte es vielleicht nicht sein,
dass, weil er so spät heut dran,
sie verärgert ist und dann

all der aufgestaute Frust,
ihr genommen jede Lust?
Statt der Zärtlichkeit ne Szene?
Und am Ende gar Migräne?

Diese Aussicht wird zur Qual.
Doch da sieht er bei Aral
wunderschöne Rosen steh'n
‚Bolle', denkt. ‚So wird es geh'n.'

Schon fährt er zum Laden hin.
Scharf gebremst und nix wie rin.
Dreizehn Rosen sich gekrallt,
zwanzig Euro hingeknallt.

Schon rauscht er zur Tür hinaus,
doch da bremst ihn Kumpel Klaus.
„Du mit Blumen und so spät?
Hast du gar heut noch ein Date?"

„Nein", spricht Bolle. „Höre, Klaus,
die schenk ich der Gabi-Maus.
Kriegt sie Blumen – wie gescheit –
macht sie flugs die Beine breit.

Darauf Klaus: „Ich fass es nicht!"
Greift sich staunend ins Gesicht,
reibt verwundert sich die Nase:
„Habt ihr dafür keine Vase?!"

Des Schicksals Advokaten

H ier muss es sein", murmelte Malte Tüll und brachte seinen asthmatischen „Polo" direkt vor der breiten Einfahrt zum Stehen.

Während sich Malte eine strubbelige Haarsträhne aus der verschwitzten Stirn strich, starrte er auf das wuchtige, schmiedeeiserne Tor, dessen Flügel weit offen standen.

„Ja, hier muss es sein", wiederholte er fast ein wenig ehrfürchtig und blickte den mit schwarz glänzendem Basalt gepflasterten Weg entlang, der sanft geschwungen bis zu dem reich verzierten Portal einer wuchtig hingeklotzten Villa führte.

Malte fühlte sich unbehaglich. Er stammte aus dieser Stadt, hatte mehr als vierzig Jahre in ihr gelebt, aber in diese stinkvornehme Gegend hatte es ihn bisher nur selten verschlagen. Und noch nie hatte er eine dieser luxuriösen Villen betreten.

Am liebsten hätte er Gas gegeben, um zurück in seine Einraumwohnung zu fahren, wo er gemütlich bei ein paar Bierchen dem Abend entgegen dösen könnte. Aber da war ja noch dieser Brief in seiner Jackentasche.

... möchte ich Sie bitten, in dieser dringenden Angelegenheit am Freitag den 13. September um 16.00 Uhr in meiner Kanzlei vorzusprechen.

Mit freundlichen Grüßen
Dr. Schnitter, Rechtsanwalt

In Malte kämpften Neugier und Unbehagen. Die angeblich so dringende Angelegenheit war nur vage umschrieben worden. Aber Einiges schien darauf hinzudeuten, dass es sich um eine Erbschaftsangelegenheit handeln könnte.

Malte war alles andere als vermögend. Und die paar Pimperlinge, die er mühsam beiseite gebracht hatte, würden für die Scheidungskosten drauf gehen. Da käme so eine kleine Erbschaft – woher sie auch immer stammen möge – durchaus gelegen.

Mit diesem Gedanken ließ er die Kupplung kommen, und nahm die Auffahrt rasanter als gewollt. Neben einem der Seitenflügel der Villa entdeckte er einen, von mächtigen Blutbuchen gesäumten, Platz, auf dem bereits zwei dicke Nobelkarossen parkten. Malte stellte sein klappriges Gefährt in gebührendem Abstand daneben.

Während er den Wagen abschloss, besaß er Gelegenheit, die Lungen noch einmal mit frühherbstlich warmer Luft voll zu pumpen, bevor er die paar Schritte bis zur klobigen Eingangstür ging.

Zaghaft und mit deutlich klopfendem Herzen drückte er den altmodischen Klingelknopf, unter dem ein goldglänzendes Firmenschild mit dem Schriftzug

Kanzlei Dr. Schnitter & Partner

angebracht war.

Es ertönte ein dezenter Gong, und schon öffnete sich das schwere Portal. Nach kurzem Zögern trat er ein. Während sich die Tür mit sanftem Klack wieder hinter ihm schloss, wagte er einen ersten Rundblick.

Er stand in einem mehrere Stockwerke hohen und von einer gläsernen Kuppel überspannten Atrium, von dem eine breite, sich auf halber Höhe teilende, Treppe zu einer Galerie führte.

Vielleicht hätte Malte noch einen Blick auf all die, in düsteren Farben gehaltenen Wandgemälde geworfen, wenn da nicht diese Frau oben am Treppenabsatz gewesen wäre.

„Kommen Sie herauf. Man erwartet Sie schon!"

Allein der Klang ihrer Stimme besaß etwas ungemein Anziehendes.

Während Malte langsam die dezent knarrende Holztreppe empor stieg, ließ er keinen Blick von dieser Frau. Sie mochte etwa Ende dreißig sein – eine reife Schönheit. Dichtes, tizianrotes Haar floss ihr in sanften Wellen über die Schultern und bildete einen bezaubernden Kontrast zu ihrem moosgrünen Kostüm. Grün blitzten auch die lebhaften Augen, die sie mit einem aus Neugier und Distanz gepaarten Blick auf den Besucher gerichtet hielt.

Es konnte wohl nicht nur am Treppensteigen gelegen haben, dass Malte so außer Atem war, als er – oben angekommen – dieser außergewöhnlichen Schönheit gegenüber stand.

„Tüll", sagte er mit trockenem Mund und reichte ihr die feucht gewordene Hand.

Die Schöne verzog die vollen, nur dezent geschminkten Lippen zu einem zurückhaltend freundlichen Lächeln.

„Ich weiß. Sie sind der Letzte. Herzlich willkommen in unserem Hause."

Während sie, immer noch lächelnd, sprach, entblößte sie ihre akkurat ausgerichteten, schneeweißen Zähne. Zwei-, dreimal huschte dabei ihre Zungenspitze verspielt darüber hinweg.

„Übrigens, mein Name ist Rose."

Malte vermochte seinen Blick nicht von diesem faszinierenden Mund zu lösen. Erst als die Frau auf eine der, von der Galerie abgehenden Türen wies und ein dunkles „Darf ich voran gehen?" raunte, fiel die sekundenlange Starre von ihm ab.

Er folgte ihr und besaß nun Gelegenheit, eine in ihrer ausgereiften Weiblichkeit kaum zu übertreffende Figur zu bewundern. Vom biegsamen Nacken, über den schmalen Rücken, die angenehm leicht ausladenden Hüften und den sich straff unter dem Stoff abzeichnenden Po, bis hin zu den makellosen Beinen stimmte einfach alles an ihr. Auf dem dicken Läufer schritt sie fast geräuschlos dahin, und für einen Moment gewann Malte den Eindruck, sie würde schweben.

Doch schon öffnete sie die bezeichnete Tür und blieb seitlich im Rahmen stehen. Er durfte so dicht an ihr vorüber gehen, dass er sie für einen winzigen Moment mit dem Oberarm berührte. Er atmete den intensiv schweren Duft, der ihrem Dekolletee entströmte und wäre am liebsten stehen geblieben, nur um dieses Odeur einen Moment länger aufnehmen zu dürfen.

‚Was für eine Frau!', dachte er zum wiederholten Male und musste sich regelrecht zum Weitergehen zwingen.

Mehr stolpernd, als gehend betrat er ein großes, mit schweren Teppichen ausgelegtes, Zimmer.

„Ah, da sind Sie ja", vernahm er eine unangenehm kratzende Stimme aus der Tiefe dieses, im Halbdunkel liegenden, Raumes.

Malte schaute blinzelnd in die Richtung, aus der die Worte gekommen waren und gewahrte hinter einem Ungetüm von Schreibtisch einen älteren, sehr hageren Herrn. Der Alte saß vorgebeugt in einem gewaltigen Ledersessel und fuhr mit den knochigen Händen unentwegt über die auf Hochglanz polierte Tischplatte.

„Setzen Sie sich!", kam es kurz und knapp aus dem dünnlippigen Mund.

Das es klang eher nach einem Befehl, als nach einer höflichen Einladung.

Inzwischen hatten sich Maltes Augen an das Dämmerlicht gewöhnt. Als er sich umschaute, entdeckte er, dem Schreibtisch gegenüber, eine Sesselgruppe, wo bereits zwei ihm unbekannte Männer Platz genommen hatten.

Der eine mochte etwa in Maltes Alter sein. Er war schlank, besaß markante Gesichtszüge und präsentierte sich in einem tadellos sitzenden Maßanzug. Er lümmelte mit arrogant gelangweilter Miene und lässig übereinander geschlagenen Beinen in dem dicken Polster und bedachte Malte lediglich mit einem kurzen Kopfnicken.

Der andere, ein beleibter Mittsechziger, hockte kurzatmig auf der äußersten Sesselkante und knetete nervös seine stummeligen Wurstfinger. Den kahl geschorenen Kopf hielt er dabei tief zwischen die massigen Schultern gezogen. Die kleinen Schweinsaugen irrten fahrig von einer Zimmerecke in die andere. Nur einen Moment lang blieben sie ausdruckslos an Malte haften, ehe sie ihre Wanderung wieder aufnahmen.

Das Knarren des Leders, das entstand, als sich Malte in den noch freien Sessel setzte, wirkte übernatürlich laut in dem ansonsten totenstillen Raum.

Diese bedrückende Atmosphäre ließ Malte frösteln. Der Alte hinter dem Schreibtisch gefiel ihm nicht. Von ihm ging etwas aus, das Unbehagen hervor rief.

Irritiert suchte er nach einem Punkt, der beruhigend auf seine Sinne wirken könnte. Aber den fand er erst, als er den Kopf schräg nach hinten drehte.

Rose!

Wie sie so, mit nachlässiger Eleganz gegen die Wand gelehnt, neben der Tür stand, wirkte sie wie ein funkelnder Edelstein, den man in einer staubig, grauen Holzkiste vergessen hatte.

Ihre Blicke kreuzten sich. Täuschte er sich, oder hatte sie wirklich zu ihm herüber gelächelt? Nein – da war er wohl seinem Wunschdenken aufgesessen. Solche Frauen halten sich gewöhnlich nur in der Umgebung ausgesprochen wohlhabender Männer auf. Wie käme die schöne und sicherlich ausgesprochen verwöhnte Rose dazu, ihm, Malte *Niemand*, ein vertrauliches Lächeln zu schenken?

Er besaß in diesem ungleichen Duell der Augen weiter nichts als seinen Stolz, mit dessen Hilfe er Roses Ausstrahlung lediglich den Anschein völliger Gleichgültigkeit entgegen zu setzen vermochte. Doch dieser meist so hervorragend funktionierende Selbstschutz versagte hier kläglich. Er fühlte, wie ihre Aura seinen ohnehin dünnen Panzer zum Schmelzen brachte und er immer wieder den Blickkontakt mit ihr zu suchen begann.

Er hätte nicht sagen können, wie lange dieses kribbelnde Spiel gedauert hatte, als sich hinter dem Schreibtisch eine, bis dahin in der Wand verborgene Tür öffnete und ein schwarzhaariger Mann von ausgesprochen kräftiger Statur den Raum betrat. Er setzte sich an die Stirnseite des Schreibtisches, nickte dem Hageren flüchtig zu und begann dann mit fast schon schmerzhaft stechenden Augen, die Gäste zu mustern.

„Das ist mein Partner, Dr. Belz", krächzte der Alte. „Ich schlage vor, dass wir nun beginnen."

Malte, der nur widerwillig bereit war, den Blick von der schönen Rose zu lösen, sah, wie der Dicke neben ihm den Oberkörper straffte. Auch in den Augen des arrogant Gelangweilten blitzte so etwas wie Interesse auf.

„Aus unserem Schriftsatz, den wir Ihnen zugeschickt haben, geht nichts hervor, was Ihnen einen konkreten Aufschluss über die Angelegenheit, um die es sich hier handelt, gegeben hätte. Ich freue mich daher, dass Sie vollzählig unserer Einladung gefolgt sind."

Der Alte machte eine Pause, die er dazu nutzte, seine Gäste mit geradezu beißenden Blicken zu mustern. Er nahm sich viel Zeit dafür. Erst, wenn er sicher schien, genug in den Zügen eines seiner Gäste geforscht zu haben, quittierte er dies mit einem kurzen Kopfnicken, ehe er sich dem Nächsten zuwandte. Malte erschien diese Prozedur ewig zu dauern und spürte eine weiter zunehmende Nervosität in sich aufkommen.

„Es war klug von Ihnen, diese Einladung nicht auszuschlagen", fuhr der Alte schließlich fort. „Sie hätten womöglich die Chance Ihres Lebens verpasst. Ja – Sie haben richtig gehört. Die Chance Ihres Lebens! Besser gesagt…"

Er unterbrach sich, um ein schiefes Grinsen aufzusetzen und dann mit messerscharfem Tremolo den Satz zu beenden: „…Ihre letzte Chance!"

Diese drei Worte hallten klirrend durch den Raum und ließen Malte erbeben. Er spürte, wie eine eigentümliche Kälte seine Beine erfasste, als er erneut die wässrig gelben Augen des Alten einen Moment lang auf sich gerichtet fühlte.

„Wir führen hier keine gewöhnliche Anwaltskanzlei mit ebenso gewöhnlichen Mandanten. Unser einziger – ich betone – **einziger** Klient ist das Schicksal, das uns damit beauftragt hat, mit gebotener Umsicht in seinem Sinne zu wirken. Und eben dieses Schicksal ist zu dem Entschluss gekommen, Ihre…"

Der Alte ließ seinen Bernsteinblick noch einmal eindringlich über die drei Besucher gleiten.

„…Ihre Lebensuhr binnen kürzester Frist ablaufen zu lassen."

Die Kälte in Malte kroch höher, umklammerte den Brustkorb, hinderte am Atmen.

„Wir sind nicht irgendwelche Wald- und Wiesenanwälte, nein, wir sind die Erfüllungsgehilfen des Schicksals. Die Menschen haben sich für uns die verschiedensten Bezeichnungen ausgedacht. Die landläufig wohl gebräuchlichsten sind *der Tot*…"

Mit knochigem Zeigefinger tippte sich der Alte auf die magere Brust, bevor er auf seinen Partner wies.

„… und der *Teufel*! So, meine Herren – jetzt wissen Sie, mit wem Sie es zu tun haben."

Malte hörte, wie der Dicke aufstöhnte und den Kopf nach hinten warf. Der Schlaksige dagegen ließ ein unwilliges Knurren hören und federte aus seinem Sessel.

„Hören Sie! Ich bin hierhergekommen, weil ich ein seriöses Geschäft erwartet hatte. Meine Zeit ist mit zu kostbar, um mich von zwei senilen Spinnern verarschen zu lassen."

„Setzen!", donnerte Doktor Belz.

Es war das erste Mal, dass er das Wort ergriff, und seine Stimme, sowie die jählings rot aufglühenden Augen verwandelten das Blut in Maltes Adern zu griesigem Eisbrei.

Auch bei dem Schlaksigen schien der Befehl einen spürbaren Eindruck zu hinterlassen. Mit plötzlich aschfahlem Gesicht sank er in den Sessel zurück.

„Senile Spinner?", zog der Alte die Aufmerksamkeit wieder auf sich. „Meinen Sie wirklich? Vielleicht sehe ich wirklich aus, wie ein verwirrter Greis. Nun gut. Aber vielleicht überzeugt Sie das!"

Der Alte kicherte und richtete sich kerzengerade hinter dem Schreibtisch auf. Er blinzelte ein paar Mal und schloss dann die Lider. Als er sie endlich wieder hob, waren da nur noch zwei leere Höhlen.

Malte fühlte nun das blanke Entsetzen bis in die Haarspitzen. Fassungslos sah er zu, wie sich das ohnehin schon ledrig wirkende Antlitz des Alten gänzlich entfleischte, bis schließlich ein böse grinsender Totenschädel übrig blieb.

Belz hatte sein teuflisches Feixen aufgesetzt, mit dem er das Grauen in den Gesichtern der drei Delinquenten quittierte.

Während der Dicke winselnd die Hände vor das Gesicht schlug, begannen sich die Augen des Schlaksigen unnatürlich zu weiten. Er schien die Szene am Schreibtisch nur noch mit ungläubigem Staunen zu verfolgen.

„Doch nun zur Sache!" dröhnte es mit unvermutet kräftiger Stimme aus dem Totenkopf. „Das Schicksal hat beschlossen, Ihnen noch eine Frist zu gewähren, bis ich Sie zu mir holen darf. Wie lang diese Aufschub sein wird, hängt von Ihnen beziehungsweise von den Wünschen ab, die Sie in der verbleibenden Zeit noch erfüllt sehen möchten. Das ist weiter nichts als ein Experiment, vielleicht auch nur ein Spiel, welches sich das Schicksal hin und wieder gönnt."

Während dieser Ansprache war der Teufel in Person des Doktor Belz aufgestanden; und indem seine glühenden Augen an den, unter lähmender Furcht ächzenden Männern vorbei starrten, machte er eine auffordernde Handbewegung.

Malte gewahrte aus den Augenwinkeln, wie sich die schöne Rose daraufhin vom Türrahmen löste und nach vorn zum Schreibtisch ging. Aus den knöchernen Fingern des Todes empfing sie Papier und Stifte, die sie dann an die drei, immer noch wie erstarrt wirkenden Auserwählten verteilte.

Malte schaute zu ihr auf, als sie ihm die Schreibutensilien reichte.

Selbst in dieser, vom Grauen beherrschten Situation, fühlte er, wie sich seine Bewunderung für diese Frau erneut Bahn brach. Er registrierte ihr feines Lächeln, und für einen Moment schien dies sogar die Angst zu verdrängen. Wenn das dort vorn der Tod war – und nichts ließ ihn daran mehr zweifeln – dann verkörperte Rose das Leben.

Leben?

Malte wurde unsicher. Nein, sie repräsentierte wohl eher das Schicksal. Sein Schicksal? Was veranlasste ihn zu dieser plötzlichen Eingebung?

Er kam nicht dazu, diesen Gedanken weiter zu verfolgen, denn kaum hatte Rose ihren Platz an der Tür wieder eingenommen, da dröhnte erneut des Todes Stimme durch den Raum.

„Schreiben Sie jetzt auf, welchen bisher unerfüllten Wunsch Sie unbedingt noch verwirklicht sehen möchten. Gehen Sie davon aus, bereits jetzt auf dem Sterbebett zu liegen."

Sein grausiges Gelächter dröhnte in den Köpfen der soeben zum Tode verurteilten Männer und zerrte zusätzlich an deren überreizten Nerven.

„Meine Anwesenheit längst spürend, mussten bereits unendlich viele Menschen plötzlich feststellen, wie viel sie in ihrem Leben verpasst, nicht wahrgenommen oder einfach noch nicht erledigt hatten. Oft reduziert sich das dann, je näher ich trete, auf eine einzige, ganz konkrete Angelegenheit. Dieses panische Gefühl, etwas ungemein Wichtiges in diesem, nur einmal geschenkten Leben, versäumt zu haben, ist furchtbar. Ich weiß das. Und genau dieses quälende Empfinden möchten wir Ihnen ersparen. Nehmen Sie das als eine ganz besondere Auszeichnung, als eine Laune des Schicksals, die nur sehr wenigen Sterblichen widerfährt. Denken Sie aber daran, ich bin unvermeidlich, und ich werde vor der Tür stehen, sobald Ihr letzter Wunsch in Erfüllung gegangen ist."

In Maltes Kopf rauschten tosende Gefühlsbäche. Nur durch dichten Nebel nahm er wahr, wie der Dicke neben ihm aufschluchzte und mit sabberndem Mund wirre Satzfetzen formulierte.

„Und als eine zusätzliche Gnade geben wir Ihnen die Möglichkeit, die Todesart selbst zu wählen", ergänzte der Teufel und grinste dabei sichtlich amüsiert.

„Und nun – schreiben Sie! Dringlichster Wunsch! Und... Todesart! Sie haben genau fünf Minuten Zeit!"

Malte hockte apathisch auf seinem Sessel. Er merkte nicht, wie sehr das Papier in seinen Händen zitterte. Er achtete nicht auf seine beiden Gefährten, von denen der eine kreidebleich auf die leeren Blätter starrte und der andere in wilder Hast den Stift gebrauchte. Malte fühlte instinktiv, dass ihn die Lähmung auch nach Ablauf der gestellten Frist noch gefangen halten würde. Die maßlose Angst, nicht nur den Tod vor Augen zu haben, sondern obendrein ein völlig leeres Blatt abgeben zu müssen, ließ ihn unwillkürlich keuchen.

Was sollte er schreiben? Was musste in seinem Leben noch in Erfüllung gehen, wovon man behaupten durfte, dafür habe sich das Sterben gelohnt? Gedanken kamen und gingen. Doch keiner ließ sich festhalten.

„Noch drei Minuten!" kam es unerbittlich von vorn.

Nun begann auch der Arrogante, hastig zu schreiben. Malte ließ entnervt das Blatt sinken. Sinnlos.

„Noch zwei Minuten!"

Immer noch kein Gedanke, keine Idee – im Kopf weiter nichts, als sich ständig steigernde Panik.

„Noch eine Minute!"

Malte fühlte Resignation in sich aufsteigen. Was würde Roses Miene ausdrücken, wenn sie sein leeres Blatt entgegen nehmen müsste? Durfte er wenigstens von ihr so etwas wie Mitgefühl erwarten?

Es gelang ihm, den Kopf zu wenden und zu ihr zu schauen. Wieder kreuzten sich die Blicke.

Und Rose lächelte. Ein Lächeln nur für ihn. Ein Lächeln, das Hoffnung – nein – Gewissheit vermittelte.

Und blitzartig wurde ihm bewusst: Da war sie, die Chance, die ihn im letzten Moment zu retten vermochte.

Er zückte den Stift und schrieb nur einen einzigen Satz, von dem er wusste, dass er ihm noch Jahrzehnte bescheren könnte.

„Mein sehnlichster Wunsch – dreitausend kleine Tode in den Armen von Rose."

Rundgeblasen

Ein notgeiler Flundrich aus Witte
bedrängte ein Dorschweib: „Ach bitte!
So blas mir doch einen."
Sie tat es dem Kleinen.
Ein Kugelfisch – notgeil – aus Witte…

Saxonia

Mit einem unsanften Ruck kam der bis dahin in allen Fugen ächzende Fahrstuhl zum Stehen. Friedhelm stemmte die schwere Eisentür auf und betrat dann die kleine, in schmuddeliges Grau getauchte, Tiefgarage. Einen Moment lang ließ er seine wässrig blauen Augen ängstlich umher wandern. Sein käsiges Gesicht erschien noch eine Spur blasser als sonst, aber das lag nicht allein am ärmlichen Licht der wenigen verstaubten Neonröhren, die hier vergeblich gegen die ewig scheinende Dämmerung anflackerten.

Erst nachdem Friedhelms Blick selbst die düstersten Winkel der Halle durchforscht hatten, genehmigte er sich ein kurzes Aufatmen. Niemand außer ihm schien hier zu sein. Entschlossen richtete er seine Krawatte, gab sich dann einen Ruck und ging, um einen selbstsicher federnden Gang bemüht, die wenigen Schritte bis zu der Parknische, wo sein bereits leicht angejahrter „Opel Vectra" stand.

„Blödmann", murmelte er und meinte damit den Unbekannten, der seinen Wagen so dicht geparkt hatte, dass sich Friedhelm nur mühsam durch den Türspalt zu zwängen vermochte.

Beunruhigt musterte er seine taubenblaue Anzughose, durfte dann aber erleichtert feststellen, dass sie die Schlängeltour unbeschadet überstanden zu haben schien. Nicht auszudenken, wenn er sich hier eingesaut hätte! Schließlich hatte ihm Hildegard nur diesen einen Anzug mitgegeben.

„Für die drei Tage reicht das", hatte sie festgelegt und die Schlösser des kleinen Köfferchens zuschnappen lassen.

Scheiße! Jeans und ein leichtes Sporthemd wären für das, was er jetzt vorhatte, auf alle Fälle angebrachter gewesen. Aber erstens fiel es ihm stets schwer, sich Hildegards Anweisungen zu widersetzen und zweitens hatte er zu diesem Zeitpunkt noch mit keiner Silbe daran gedacht...

Diesen Floh hatte ihm erst Olly, sein junger Kollege, ins Ohr gesetzt.

„Das musst du ausnutzen. Wer weiß, wann dich der Alte mal wieder zur Messe schickt."

Friedhelm hatte seufzend genickt. Es erschien ihm ohnehin schon wie ein Wunder, dass der Chef diesmal gerade ihn, den farblosen Sachbearbeiter, mit in das Team der Standbetreuer eingereiht hatte. Friedhelm war klar – dies würde das erste und letzte Mal gewesen sein. Viel zu linkisch stellte er sich im Umgang mit Besuchern und Kunden an. Nein, so eine Chance bot sich ihm so schnell nicht wieder.

Er steckte den Schlüssel ins Zündschloss und startete den Motor.

Draußen empfing ihn die, trotz Abenddämmerung noch immer vor Hitze glühende, Innenstadt. Friedhelm ordnete sich in den dicht fließenden Verkehr ein und versuchte, sich zu orientieren.

Er hatte eine geschlagene Stunde über dem Leipziger Stadtplan gebrütet, um sich den Weg zu der von Olly bezeichneten Straße einzuprägen.

„Autostrich!"

Bisher kannte er diesen Begriff nur vom Hörensagen. Als er nach einigem Suchen die Straße tatsächlich gefunden hatte, bekam er einen leichten Schreck, denn er sah bereits die ersten Bordsteinschwalben an der Seitenscheibe vorbei segeln.

Fast wäre er einem weißen BMW hinten drauf geknallt, weil der plötzlich das Tempo verringerte und am Straßenrand anhielt. Fluchend trat Friedhelm auf die Bremse und nahm den Blick erst wieder von den vor ihm aufleuchtenden

Bremslichtern, als auch sein eigener Wagen stand. An der aufgerissenen Beifahrertür seines rücksichtslosen Vordermannes lehnte ein schlankes Mädchen, das den Kopf tief ins Innere des Wagens gesteckt hatte. Das Scheinwerferlicht des „Vectra" knallte voll auf ihr hoch aufgerecktes und fast den Minirock sprengendes Hinterteil.

Friedhelm fühlte seinen Mund trocken werden. Solche Szenen kannte er nur aus bestimmten Fernsehsendungen, die er manchmal heimlich guckte, wenn sich Hildegard migränegebeutelt vorzeitig ins Bett verkroch. Und jetzt? Jetzt war er mittendrin! Am liebsten hätte er sich in den Schenkel gekniffen, um sicher zu gehen, dass dies nicht nur ein Traum war.

Atemlos stierte er nach vorn, sah wie dieser blicksaugende Wahnsinns-Po ein wenig unruhiger wurde und schließlich aus dem Sichtfeld verschwand. Das Mädchen war blitzschnell in den Wagen geglitten. Schon zog der Vordermann sanft an.

Während Friedhelm sich noch darüber wunderte, wie schnell das gegangen war, drang plötzlich ein Schwall schwül-warmer Luft in den klimatisierten Innenraum.

Soeben war die Beifahrertür aufgerissen worden. Mit bis zum Hals klopfendem Herzen und angehaltenem Atem wandte Friedhelm den Kopf. Im Türrahmen erkannte er die Gestalt einer Frau, die sich nun weit zu ihm hinab beugte. Ein dunkler Schopf, ein paar matt glänzende Reh-Augen, ein breiter, sinnlicher Mund und ein Stück tiefer… zwei hauchzart übertüllte Halbkugeln, an deren Perfektion Friedhelm nie geglaubt hätte, wenn sie sich nicht gerade leicht schwingend vor seinen Augen präsentiert hätten. Herrlich! Und so nah! Er hätte nur den rechten Arm auszustrecken brauchen, um diese Pracht in die Hand nehmen zu können.

Aber er tat es nicht. Seine plötzlich schweißnassen Hände verharrten hilflos ans Lenkrad gepappt.

Die tiefroten Lippen öffneten sich zu einem verheißungsvollen Lächeln.

„Naaa?"

Was sonst noch folgte, ging in dem gewaltigen Rauschen, das mit einem Mal in seinen Ohren wütete, nahezu unter. Er glaubte irgendwelche Zahlen- und Zeitangaben vernommen zu haben, die ihn zum Portemonnaie greifen ließen, und er merkte nur an der wechselnden Spannung seiner Nackenmuskulatur, dass er wohl am Nicken war.

Plauz! Die Beifahrertür war ins Schloss gefallen, und die Frau saß neben ihm. Jetzt rückten auch die, durch schwarze Netzstrümpfe in aufregende Form gebrachten Beine in sein Blickfeld. Dieser Anblick, verbunden mit dem sinnlich schweren Duft, der plötzlich die Fahrgastzelle ausfüllte, verstärkte das Dröhnen in seinem Schädel. Noch immer erschien alles so unwirklich – irgendwie traumhaft. Sein ohnehin verschleierter Blick verfing sich in dem Nebel, der auf einmal den Kopf der Schönen einhüllte.

Und da vernahm er durch das Rauschen hindurch die anklagende Stimme seiner Frau: „Friedhelm! Was tust du da?"

„Ja, was tu ich hier?", ging es ihm durch den Kopf. „Stell dir vor, Hildegard, ich bin gerade dabei, dich mit einer Prostituierten zu betrügen."

Während er in leises ein Kichern verfiel, drang beißender Qualm in seine Nase und ließ ihn husten. Der Nebel zerriss, und er erkannte, wie das Objekt seiner Begierden genüsslich an einer Zigarette sog.

„Na los! Woroff wards'n noch!", kam es ein wenig gereizt, aber nicht unfreundlich aus ihrem schönen Mund.

„Wohin?", fragte Friedhelm und schluckte.

Er wusste: Er hatte „A" gesagt und musste nun das „B" folgen lassen.

„Isch saach schon Bescheed. Fahre nur erschd ma los!"

Friedhelm blickte sie entgeistert an. Wie konnte sich eine so bildschöne Frau eines solch fiesen Dialektes bedienen?

Verwirrt drehte er den Zündschlüssel um und merkte erst an dem fürchterlich kratzenden Geräusch, dass der Motor noch lief. Leise fluchend, legte er den Gang ein und ließ den Wagen anrollen.

„Nerwees?"

Friedhelm nickte.

„Ja, ein wenig schon. Sie müssen wissen, ich mache so etwas zum ersten Mal." Und etwas mutiger setzte er hinzu. „Ich bitte also um etwas Nachsicht, wenn ich mich..."

Sie lachte ein dunkles Lachen.

„Isch bin och gee Brofie. Mache das bloß währn'd dor Messe. Aushilfe – sozesach'n."

Diesmal klang ihr Lachen eine Spur heller.

„Bisde och Messegasd?"

„Ja, ich bin Standbetreuer bei Opel, sagte Friedhelm nicht ohne Stolz und war obendrein froh, ein Thema gefunden zu haben, wo er sich auskannte.

„Ob'l?"

„Ja Opel. Ich bin schon..."

„Ob'l iss gud. Isch habb nämlisch so'n gleen Gorsa. Gebrauchd! Mähr gann'sch mor im Momend nich leis'dn. Un desderwähschen mach'sch ahmd's och den Schobb hier... Heh! Da vorne an der Amb'l, gradde nibber! Un dann glei schoarf rächds rum."

„Bitte?"

Zum Glück vermochte er sich im letzten Moment noch zusammenzureimen, was sie meinte und bog in die bezeichnete Straße ein.

Er ließ sich noch über mehrere Kreuzungen und um einige Ecken dirigieren, bis sie schließlich in eine stille Gegend kamen. Auf der rechten Straßenseite erkannte Friedhelm, hinter schmucken Vorgärten versteckte Villen, deren verspielte Fassaden noch aus der Gründerzeit stammten. Linker Hand erstreckte sich ein ausgedehnter Park.

„Dord driem gannsde anhald'n."

Sie wies auf einen kleinen, von wuchtigen Bäumen umsäumten Parkplatz. Nur eine Handvoll Autos standen dort, und Friedhelm nahm erleichtert zur Kenntnis, dass das Licht der wenigen Straßenlaternen kaum durch das dichte Blattwerk der Bäume zu dringen vermochte.

Beim Einparken stellte er sich ausgesprochen ungeschickt an. Verfluchte Nervosität!

„So, da wollmor ma. Mach ma de Riggenlähne e bissel schrähschor un schieb dein Sitz zerick. Sondsd schdoßsch mor laufn'd de Berrne am Länkrad. Un e bissel gemiedlich soll's scha ooch sinn."

Friedhelm tat wie ihm geheißen und ruckelte und zuckelte mit immer stärker klopfendem Herzen so lange am Sitz, bis sie es für gut befand. Dann hieß sie ihn, sich zurück zu lehnen und zu entspannen.

Entspannen? Wie denn – in dieser Situation? Seine Stirn brannte wie im Fieber, und das Hemd klebte klatschnass am Rücken.

„Iss schon richt'sch, dass de dich fiers Blasen endschiedn hasd. Bei där Hidze hädd' mor uns sonsd velleischd een abgehecheld."

Friedhelm hatte zwar wieder nur die Hälfte verstanden, aber nickte ergeben.

Als ihre Hand nach dem Reißverschluss an der guten, taubenblauen Anzughose suchte, zuckte er ungewollt ein wenig zurück. Da der Verschluss nicht gleich aufging, zog sie ein wenig heftiger. Gerade wollte er unterstützend eingreifen, da ratschte das störrische Ding schließlich doch auseinander. Keinen Widerspruch duldend, schob sie seine Hand zur Seite.

„Nimm de Floss'n weg, das iss mei Schob", sagte sie energisch und knöpfte nun auch noch den Hosenbund auf.

Friedhelm hörte sich aufseufzen. Endlich schien er bereit, sich gänzlich dem Tun dieser herrlichen Frau mit der grässlichen Sprache hinzugeben.

Ganz anders dagegen sein Kompagnon eine Etage tiefer. Anstatt sich ihren grazilen Fingern lustvoll entgegen zu werfen, hielt er sich irgendwo tief in einer Falte der Feinripp-Unterhose versteckt.

Ihre Finger zogen sich zurück und schon fühlte er, wie sie mit beiden Händen seinen Hosenbund um-krallte.

„Heb ma dein Bobsor."

„Häh?"

Sie antwortete nicht, sondern zog ächzend an Hose und Unterhose. Nun wusste er, dass er den Hintern anzuheben hatte. Ein Ruck – geschafft.

Die Beinkleidung reichte nur noch vom Wagenboden bis an die Knie. Friedhelms Däumling lag jetzt völlig frei und fühlte sich den neugierigen Blicken dieser Frau ausgesetzt, die nun obendrein noch glucksend zu lachen anfing.

„Ach mei Goddchen – iss där niedlisch! So e gleenes Gerlch'n aber och. Nee, so e budz'sches Schniebelsch'n – was es nich alles gibbd!"

Vorsichtig betastete sie den Kleinen. Doch es war, als hätte sie die Fühler einer Schnecke berührt, denn fast blitzartig kroch das Würmchen noch mehr in sich zusammen.

„Där scheind vor mir Angsd zu hamm", murmelte sie und ihre großen dunklen Augen drückten Verwunderung aus.

„Tut mir leid. Ich weiß auch nicht, was plötzlich los ist", stammelte Friedhelm und spürte den Schweiß mit Macht auf seine Stirn treten.

Vorhin – im Hotelzimmer – da hätte er noch einen vollen Wassereimer anhängen können. Und jetzt...? Diese Blamage! Am liebsten hätte er sich durch das Bodenblech verkrümelt.

„Nu mach dor ma geene Bladde. Den griesch mor schon noch hochgebäbbeld."

Damit begann sie, den Widerwillen des Kleinen einfach ignorierend, mit erfahrenen Händen ein Spiel, dem auch der störrischste Männerstolz nicht ewig zu widerstehen vermag. Nach und nach gewann der der Lustlose tatsächlich an Zutrauen. Unter ihren sanft streichelnden und einfühlsam massierenden Fingern begann er, zunächst schüchtern, aber dann immer mutiger werdend, schließlich den Kopf zu heben.

„Na bidde. Ich habb's doch gesaachd. Das griesch mor hin. Iss doch brav, der Gleene."

Schwupp – das war es dann auch schon. Die eben im Aufblühen begriffene Pracht, drohte wieder zwischen ihren Fingern dahin zu schrumpfen.

„Ei vorbibsch! Där iss abbor hardnägg'sch!", konstatierte sie, und Friedhelm war am Verzweifeln.

Hilfesuchend fuhr sein Blick zu der Frau und blieb geradezu magisch an ihrem Mund hängen. Er hörte nicht auf die Worte, die aus diesem Mund kamen, sondern verfolgte nur noch das aufregende Spiel der Lippen. Wenn den Streikenden noch etwas aufrichten konnte – dann musste es dieser Mund sein! Intuitiv streckte er die rechte Hand aus, umfasste damit ihren Hinterkopf und begann, einen leichten Druck auszuüben.

Sie verstand sofort.

„Nee, nee, mei Gudsdor. Das lass mor erschte ma scheen bleim. Ohne Gummi werd da nischd. Von Eeeds brauch'sch dor ja nischt zu erzähln."

Sie schaute demonstrativ auf die Uhr am Armaturenbrett, seufzte ein wenig und brubbelte dann: „Na, een Vorsuch hamm mor noch."

Friedhelm sackte vor Scham in seinem Sitz zusammen. Wieder wünschte er sich weit weg. Er nahm kaum wahr, wie sie immer noch vergeblich an seinem besten Stück herum werkelte. Sollte sie doch! Schließlich hatte er dafür bezahlt. In spätestens einer Viertelstunde würde diese Peinlichkeit vorüber sein. Und in einer Stunde wäre der ganze Reinfall vergessen. Er würde dann wieder im Hotelzimmer sitzen und ein langes Telefonat mit Hildegard führen.

‚Nein, ich bin nicht der Mann, der seine Frau mit einer billigen Nutte betrügt', dachte er und glaubte in diesem Moment, sogar stolz darauf sein zu dürfen.

Eine eigenartige Ruhe überkam ihn. Völlig entspannt und fast ein wenig amüsiert verfolgte er ihr Tun. Er sah auf diese dicht vor seinen Augen schwingenden Brüste. Ein ungemein anziehender und all die künstlichen Gerüche überlagernder Duft schien von ihnen auszugehen. Unbewusst rückte er den Kopf ein wenig näher heran, sog dieses, so noch nie erlebte, sinnliche Bukett tief in sich hinein.

Und nun streckte er noch einmal seine Hand aus. Ungeschickt befühlten seine Finger die dunklen, allmählich härter werdenden, Brustwarzen. Da war plötzlich so ein leises Kribbeln unter der Kopfhaut, das immer stärker wurde und allmählich im Rückenmark hinunter zu rieseln begann, bis es schließlich auch in die Spitze des immer noch fürsorglich gestreichelten Würmlings schoss.

Vergessen war der Gedanke an eheliche Treue, vergessen die Scham, vergessen... vergessen... vergessen…

Friedhelm stöhnte auf. Sein Unterleib stemmte sich gegen die routinierten Frauenhände und nahm deren Rhythmus auf.

Während sie eine Hand betreuend zurück ließ, wühlte sie mit der anderen in der Gürteltasche. Dann eine kleine Pause.

Irgendetwas knisterte leise, dann fühlte er, wie sie das Präservativ gekonnt überzog.

„Kleenere gibd's nich", grinste sie, rollte den Gummi ab und zog pedantisch ein paar Falten glatt.

Verdammt! Dieses Gebrabbel bedrohte erneut sein Stehvermögen. Doch jetzt war Friedhelm nicht mehr bereit, sich seufzend seinem, aus Unvermögen resultierenden, Schicksal zu ergeben. Auf keinen Fall würde er jetzt noch verzichten. **Jetzt** nicht mehr!

„Könntest du nicht wenigstens für ein paar Minuten die Klappe halten?", ächzte er daher gereizt.

„Iss scha schon guud", knurrte sie zurück, ehe sie den Kopf tief hinab beugte, um ihre Lippen siedend heiß über den sich lustvoll Windenden herfallen zu lassen.

Friedhelm entfuhr ein unartikulierter Laut.

„Endlich...endlich...endlich...!", pochte es im Rhythmus dieses, so wahnsinnige Wonne bereitenden, Spiels durch seinen Kopf. Fast zwanzig lange Ehejahre war im dies verwehrt geblieben. Endlich durfte er das erregende Auf und Ab blutvoller Lippen durchkosten, das kribbelnde Spiel der Zungenspitze bis in die Haarwurzeln wirken lassen und das nach vorn peitschende Massieren assistierender Hände in vollen Zügen genießen.

Seine Finger glitten fahrig durch ihr dichtes Haar und begannen sich mehr und mehr darin zu verkrallen, je näher er sich dem erlösenden Höhepunkt entgegen getrieben fühlte.

Gleich... gleich... ja... gleich!

Abrupt hörte der Druck der Lippen auf. Ein paar Mal riffelten noch die Zähne sanft über den Gummi, dann hob die Frau den Kopf. Ihr Atem ging schwer.

„Tschuld'schung. Gehd glei weider. Bei mir iss nämlisch e Schnubb'n im Anzuche. Da griesch ich eefach nich genuch Lufd dorsch de Nase", keuchte sie.

Vor Minuten hätte ihn das noch erneut aus dem Konzept gebracht. Aber jetzt vernahm er kaum, was sie sagte. Noch ehe sie wieder soweit zu Atem gekommen war, um sich erneut hinab zu beugen, hatten ihre nach wie vor aktiven Hände den Rest erledigt.

Friedhelm explodierte.

Für Augenblicke nahm er die Umwelt gar nicht mehr wahr.

Nur langsam fand er wieder zu sich, begann sich zu orientieren und seine Sinne wieder auf die Außenwelt zu richten. Und dann vernahm er auch ihre Stimme, dunkel – fast schon ein wenig mütterlich.

„Na siehsde – mei Gudsdor. Hammor's doch noch geschaffd. War abbor nich leichde – mussde zugähm. Wär abbor och schade gewäs'n, wenns nich geglabbd hädde. Bisd nämlich e ganz nedder Gerl. Blos e bissel maulfaul. Sähre maulfaul – das muss'sch schon sach'n."

Er hörte kaum hin, lächelte glücklich, schaute sie mit immer noch leicht verklärten Augen an und meinte schließlich: „Weißt du eigentlich, dass du einen ganz reizenden Dialekt hast?"

Dumm gelaufen

Meine Frau, die Kunigunden
ist zwei Tage weggefahren,
doch ich will in diesen Stunden
nicht mit Liebestaten sparen.

Schon greif ich zum Hörer.
Ruf die Kathrin an.
Heut' gibt's keinen Störer,
der's verhindern kann.

Leute, Leute!
Das wird Klasse!
Die hat Rasse,
und schon lange
wart' ich auf so'n Tag wie heute
wo die Kathrin ich empfange.

Komm zu mir, du meine Liebe.
Kleide dich in zarte Hüllen.
Fühl ich doch schon heiße Triebe
meinen Körper ganz erfüllen.

Wochenlang ich harrte,
süchtig - nur nach dir.
Ich leg auf und warte,
bis du kommst zu mir.

Schwenke, schwenke
gleich drei Flaschen,
die vernaschen
wir heut' Abend
eh' ich meine Schritte lenke
hin zur Couch – im Arm Dich tragend

Seht, schon knallt der erste Korken.
Kathrin - Prost! Die Gläser klingen.
Uns zum Wohl und dass bis morgen
heiße Stunden wir verbringen.

Ihre Augen blitzen
so verheißungsvoll.
Neben ihr zu sitzen,
macht mich rasend toll.

Küsse, Küsse
voll Verlangen
auf die Wangen,
auf den Nacken.
Oh, mein Schatz, mir ist als müsse,
ich dich fest und fester packen.

Plötzlich finden wir uns wieder
auf der Couch. Ganz liebestrunken
legen wir uns wohlig nieder,
in das Polster tief versunken.

Herrlich wogt dein Busen.
Mach die Arme weit
Küssen, streicheln, schmusen
Uns bleibt so viel Zeit!

Heiße Welle
Meine Kleine
deine Beine
möcht' ich kosen,
streicheln sie, bis hin zur Stelle,
wo sie sanft zusammenstoßen.

Bluse, Rock und Büstenhalter,
streif ich ab und lass sie liegen.
Zuviel Licht? Ich greif zum Schalter
Liebling komm! Lass dich besiegen!

Weg jetzt mit der Hose!
Ach, was bin ich wild!
Wie sich meine Pose
immer stärker füllt.

Stehe, stehe,
denn die Kathrin,
ja, die hat ihn,
will ihn fassen.
Doch ich merk es, wehe, wehe,
wie die Kräfte mich verlassen.

Ruhig bleiben, Mühe geben.
Doch schon packt mich das Entsetzen.
Kann trotz Wollen und auch Streben
nur in Panik mich versetzen.

Ich will fluchen, brüllen:
"Oh, die Not ist groß!"
Kann's ihr nicht erfüllen.
"Sag, was ist das bloß?"

Peinlich, peinlich.
Welch Blamage!
Keine Frage.
Könnt versinken.
Wie bereu ich, dass ich heimlich,
soviel Wein musst' vorher trinken.

Voll Verzweiflung will erklären
ich den Grund für Impotenzen.
Doch sie meint, dass ihr Begehren
futsch ist. Alles hätt' ja Grenzen.

"Still! Las mich mal hören!
Ob ein Spuk mich narrt!"
Mensch, ich könnte schwören,
dass die Haustür knarrt!"

Schrecken, Schrecken!
Da sind Schritte!
Bitte, bitte
nicht auch das noch.
Keine Zeit, sich zu verstecken.
Kathrin meint: "Zu spät! Ach lass doch!"

Da erscheint die Kunigunde.
So hab ich sie nie gesehen.
Zornig bebend, Schaum vorm Munde,
bleibt sie vor uns Beiden stehen.

Schon schreit auf die Meine:
„Hab ich's mir gedacht,
dass ihr fiesen Schweine
heut' ne Nummer macht!

Scheidung, Scheidung!
Oh du frecher
Ehebrecher!
Pack die Sachen!
Hier der Koffer, rein die Kleidung.
Ich werd' dir schon Beine machen!"

Etwas später schleich' ich müde
durch die Stadt zu Kathrins Zimmer.
Sie empfängt mich reichlich prüde.
Voller Mitleid? Keinen Schimmer!

"Was denn? Bei mir wohnen?
Komm mir nicht ins Haus.
Das würd' sich nie lohnen.
Mit uns ist es aus!"

Reue, Reue
Ich verspüre
vor der Türe.
Was soll werden?
Ehedramen mangels Treue
zahl'n sich selten aus auf Erden.

Den Seinen gibt's der Herr im Schlaf

Ich trommelte nervös mit den Fingern auf dem Lenkrad herum und wartete darauf, dass sich die Bahnschranken endlich hoben. Soeben war der fast unbesetzte Regionalzug vorbei gezischt.

Als sich die Fahrzeugkolonne schließlich in Bewegung setzte, ließ ich demonstrativ den Motor meines Geländewagens aufbrüllen, um so meinem Vordermann deutlich zu signalisieren, dass er — verdammt noch mal — endlich aus dem Arsch kommen möge.

Ich zähle mich normalerweise nicht zu den Menschen, die sich durch besondere Ungeduld auszeichnen, aber heute hatte ich es eilig.

Der Grund war ein recht simpler. Ich hatte schlichtweg verpennt. Auch das gehört nicht zu meinen Gewohnheiten. Die Schuld lag in Brigittes kaum zu stillenden Liebeshunger. Dadurch war der Schlaf verdammt kurz gekommen. Wir hatten regelrecht aneinander geklebt und mit Eifer dafür gesorgt, dass uns der Leim nicht ausging.

Endlich hatten wir wieder einmal so richtig Zeit füreinander gefunden. Ihr lieber Gatterich war auf Geschäftsreise gegangen und wurde erst für heute Vormittag zurück erwartet. Brigitte hatte mich aber vorsichtshalber schon gegen vier Uhr in der Frühe aus ihrem Luxusbett geschmissen, um bis zu seinem Eintreffen genügend Karenzzeit zu besitzen.

Nach einem flüchtigen Abschiedskuss war ich in meine Single-Hütte gefahren, um mich noch für zwei bis drei Stunden aufs Ohr zu hauen. Das hätte ich lieber nicht tun sollen. Als ich aufwachte, blinkte mir der Wecker eine Uhrzeit zu, die auf meiner Arbeitsstelle normalerweise die Frühstückspause einläutete.

Ich ließ mein Heimatstädtchen hinter mir und atmete auf, als es auf der Landstraße nun etwas flotter voran ging. Ich beschloss, mich im Betrieb gar nicht erst irgendwelchen doofen Fragen auszusetzen, sondern gleich eine Baustellenkontrolle vorzunehmen.

Also bog ich im nächsten Dorf ab und preschte, in eine Staubwolke gehüllt, einen sandigen Feldweg entlang, der zu einer meiner Baustellen führte.

Wir hatten dort eine kleine, steinalte Brücke abgerissen und waren jetzt dabei, sie durch einen Neubau zu ersetzen. Nichts Besonderes also. Mir war schleierhaft, warum mein Boss darauf bestanden hatte, ausgerechnet mein schnelles Eingreifkommando mit dieser Aufgabe zu betrauen. Das SEK – das waren Betonbauer Siggi, Vorarbeiter Eddie und Baggerfahrer Kalle. Alles handverlesene Spezialisten, die bereits einen Routinebesuch ihres Bauleiters fast als persönliche Beleidigung ansahen.

Als ich meinen Wagen mit einem scharfen Bremsmanöver zum Stehen brachte, merkte ich sofort, dass etwas nicht stimmte. Der Staub verzog sich langsam, und nach einem kräftigen Nieser riskierte ich einen kritischen Blick in die Runde.

Die Baustelle ruhte.

Siggi lümmelte an der Schalung herum und plinkerte mit seinem Zimmermannshammer sinnlos gegen die Aussteifung. Die aufgehenden Bewehrungstähle wirkten wie anklagend gegen den Himmel gerichtete Geisterfinger.

Kalle lehnte am Fahrwerk seines monströsen Kettenbaggers, der sich heute garantiert noch keinen Millimeter bewegt hatte. Zu Füßen des Maschinisten lagen mindestens ein halbes Dutzend Kippen.

Als ich auf Kalle zu trat, hob er nur kurz den Kopf, zog an seiner Zigarette und schien ansonsten durch mich hindurch zu blicken.

„Iss'n hier los?", nuschelte ich.

„Na nischt! Siehste doch!", zischte Kalle, und Siggi unterstrich diese Aussage mit zwei kräftigen „Pling".

„Eddie nicht da?"

„Doch!"

Ich kann nicht behaupten, dass das SEK aus lauter Schwätzern bestand, aber so maulfaul hatte ich die Kerle noch nicht erlebt.

„Wo?", fragte ich.

Kalle schmiss die aufgerauchte Zigarette zu den anderen Kippen und deutete dann mit dem Daumen in die Richtung, wo der Baustellencontainer stand.

‚Der Vorarbeiter wird über den Bewehrungsplänen brüten', dachte ich. ‚Vielleicht braucht er tatsächlich einmal meine Hilfe.'

„Morjen, Eddie!", rief ich, als ich im Türrahmen der aufgeheizten Blechkiste stand.

Keine Antwort. Neugierig trat ich näher. Der massige Kerl saß tatsächlich über irgendwelchen Unterlagen. Ich sah aber, dass es sich nicht um Bauzeichnungen handelte, sondern nur um ein schlichtes A4-Blatt, auf dem zehn schwielige Finger sinnlos herum strichen.

„Morjen!", wiederholte ich, meine Stimme hebend.

Als Antwort kam nur ein wütendes Fauchen zwischen Eddies Schwulstlippen hervor. Während er mir mit blutunterlaufenen Augen entgegen stierte, begannen seine Stirnadern bedrohlich anzuschwellen.

„Eddie, was ist los mit dir? Biste krank?"

Mit diesen Worten ging ich auf ihn zu, doch noch ehe meine Hand seine Schulter erreichte, wurde sie brüsk beiseite gewischt.

Der Riese lachte höhnisch auf und schob mir das Blatt herüber.

„Sieht das aus wie ein Krankenschein? Wohl eher wie ein Totenschein! Und das Schlimmste – kein Wort von dir im Vorfeld. Und ich dachte immer, wenigstens du wärst noch der alte Kumpel von früher, einer der sich vor seine Leute stellt."

Für einen Moment sah es so aus, als wolle er vor mir ausspucken.

Ich zog mir einen Stuhl heran, putzte mit der Handfläche ein paar Brotkrümel von der Tischplatte und breitete das Schreiben vor mir aus. Sofort sprang mir das Logo unserer Firma in die Augen. Ein stilisierter Bagger mit überdimensionaler Schaufel, über der die Buchstaben **„PROFI-TIEF"** schwebten

Ich begann zu lesen, kam aber nicht weit:

„... bedauern wir außerordentlich, Ihnen somit zum 30. Juni 1998..."

Nein! Das durfte doch nicht wahr sein! Die Buchstaben begannen vor meinen Augen zu tanzen. Eddies Kündigung! Aber aus welchem Grund? Warum gerade er? Und weshalb hatte Ronald mich nicht vorher konsultiert? Ich schluckte krampfhaft.

„Ehrlich! Davon habe ich... wirklich... keine Ahnung gehabt. Wenn ich... Ich hätte... Ausgerechnet du!"

„Wer's glaubt wird selig", grunzte Eddie.

Er blickte mich an, und ich sah, wie die Wut aus seinen Augen wich und einer tiefen Niedergeschlagenheit Platz machte.

„Es geht nicht nur um mich. Alle vom SEK haben diesen Wisch gekriegt."

„Stimmt!", kam es von der Tür.

Dort stand Kalle, der schon wieder nervös an einer Zigarette nuckelte. Er nestelte am Reißverschluss seiner Latzhosen-Brusttasche und brachte schließlich ein zusammengefaltetes Stück Papier hervor, das er demonstrativ auf den Tisch knallte. Es war das gleiche Schreiben.

„Und Siggi auch", stöhnte Kalle.

Draußen machte es zweimal:„Pling".

Ich mochte es einfach nicht glauben. Meine besten Jungs gekündigt! Was war da los?

Ich fühlte, wie mir der Schweiß von der Halbglatze perlte. Ich strich mit der Hand darüber, vermochte aber trotzdem keinen klaren Gedanken zu fassen. Ich wusste nur, ich musste etwas tun. Das war ich meiner Truppe schuldig.

Nach einer Weile ergebnislosen Brütens, erhob ich mich.

„Ich fahre zum Chef. Vielleicht ist alles nur ein Missverständnis", sagte ich lasch.

„Da kommen wir aber mit!"

Siggi hatte nun ebenfalls seinen Kopf in den Container gesteckt und schwang drohend den Hammer.

„Das lasst lieber sein. Ich will nicht, dass sich noch einer von euch wegen schwerer Körperverletzung verantworten muss", sagte ich und versuchte ein Grinsen. „Ihr hört von mir."

Damit schob ich Kalle zur Seite und verließ den Container.

„Gert!"

Auf Eddies Ruf hin drehte ich mich um.

„Was ist?"

„Gert, sag es ehrlich. Hast du wirklich nichts davon gewusst?"

„Ich schwöre es", sagte ich und machte eine Handbewegung, die statt beteuernd, wohl eher resignierend wirken mochte.

„Aber Seichtler und du – ihr seid doch dicke Freunde."

Ich weiß nicht, ob sie mein verächtliches Schniefen mitbekamen.

„Das ist doch alles nur ein schlechter Scherz", murmelte ich, als ich wieder im Auto saß.

Doch dieser Gedanke war alles andere als über-zeugend. Im Gegenteil, ich bekam immer mehr das Gefühl, dass irgendeine Sauerei im Gange war.

Okay, der Baubranche ging es nicht gut. Entlassungen waren daher nichts Ungewöhnliches. Aber wenn ein Unternehmer schon abspecken muss, warum fängt er dann bei seinen besten Leuten an? Und außerdem hielt sich doch unsere Firma noch ganz wacker. An Aufträgen hatte es bisher noch nie gemangelt. Ab und zu ging sogar mal ein großer Fisch ins Netz. So, wie diese Eisenbahnbrücke, die in der vergangenen Woche mit viel Pomp eingeweiht werden konnte. Die geladenen Regionalgrößen hatten sich allesamt lobend über unsere gute Arbeit ausgelassen, und Seichtler hatte sich in dieser Anerkennung regelrecht gesuhlt und mit gravitätischen Gesten sein Sektglas kreisen lassen.

Ronald Seichtler! Der Gedanke an den smarten Herrn Geschäftsführer hinterließ bei mir einen faden Geschmack auf der Zunge.

„Ihr seid doch dicke Freunde!", hatte Kalle mir nachgerufen. Woher sollte er auch wissen, dass dies schon lange nicht mehr zutraf?

Es kann sein, dass es vor nunmehr fast drei Jahrzehnten so etwas wie eine Freundschaft zwischen Ronald und mir gegeben hatte. Wir hatten gemeinsam die Fachhochschule besucht, uns im Internat ein sechzehn Quadratmeter großes Zimmer mit zwei weiteren Studenten geteilt und versucht, beim Studium nicht allzu viel Energie zu verschwenden. Mir fiel das nicht schwer. Ronald besaß da mehr Probleme. Intelligent war er ja, und es hätte für ihn locker zu befriedigenden Leistungen gereicht, wenn er mit seinen Weibergeschichten nicht immer so maßlos übertrieben hätte. Auf der einen Seite beneidete ich ihn darum, bewunderte ihn sogar. Andererseits fand ich es ungemein belastend, ihn kurz vor einer Prüfung – auf dem letzten Pfiff sozusagen – Hilfe suchend am Hals zu wissen.

Einmal fiel von seinem reich gedeckten Erotik-Tisch sogar für mich ein Brosame ab. Ich durfte eine seiner abgelegten Freundinnen übernehmen. Sie gehörte zu dem Heer von Studentinnen, die von Ronald in die Schublade mit der Aufschrift „Graue Mäuse" gesteckt wurden. Für mich dagegen war sie die bislang schönste Frau, die ich je in meinen Armen halten durfte. Doch ich muss gestehen, dass mein Geschmack beileibe nicht als Maßstab gelten darf. Was Frauen anging, so spielte Ronald stets in der Oberliga, während ich in der Kreisklasse herum dümpelte.

Nach dem Studium nahmen wir im gleichen Tiefbau-Kombinat unsere Arbeit auf. Während ich mir meine ersten Sporen als Jungingenieur beim Abriss einer stinkenden Kläranlage verdienen durfte, fand Ronald ein stilles Plätzchen im Bereich „Ökonomie". Dort sollte er anhand diverser Statistiken nachweisen, welch wichtigen Beitrag unser Kombinat beim schrittweisen Aufbau des Sozialismus und zur Sicherung des Weltfriedens zu leisten im Stande war. Er muss dabei viel Geschick bewiesen haben, denn man wurde in der Kombinatsleitung schnell auf ihn aufmerksam.

Die mir damals unterstellten Jungs waren gerade dabei, den auf der Kläranlage angefallenen Schrott in handliche Stücke zu brennen, als sich hoher Besuch anmeldete. Meiner Jugendbrigade, die den stolzen Namen „Pawel Kortschagin" trug, sollte die Wanderfahne der Parteileitung überreicht werden. Ich staunte nicht schlecht, als ich an der Seite des stellvertretenden Generaldirektors meinen Studienkumpel Ronald auftauchen sah. Auf meinen verblüfften Blick reagierte er nur mit einem blasierten Grinsen. Dafür hätte ich ihm seine schöne Fresse polieren können.

Ronald war also zum FDJ-Sekretär des Kombinates aufgestiegen und besaß somit unmittelbaren Zutritt zur Chefetage.

„Na ja", murmelte ich damals neidvoll, „den Seinen gibt's der Herr im Schlaf."

In dem neuen Job schien Ronald regelrecht aufzugehen. Das mag nicht zuletzt auch mit daran gelegen haben, dass ihm bei seinen offiziellen Auftritten jede Menge Mädchenherzen unter eng gespannten FDJ-Blusen entgegen hämmerten.

Nun ja – im Laufe der Jahre ließ die Blusenspannung wohl ein wenig nach, und auch Ronald erreichte ein Alter, wo er nur noch als ein „Freund der Jugend" durchgehen mochte. Er musste seinen Posten räumen, fiel aber erwartungsgemäß die Treppe hinauf. Nun war er stellvertretender Vorsitzender der Betriebsparteileitung, saß mit an den Hebeln der Macht und durfte jetzt seine aufrüttelnden Appelle nicht nur auf die Jugend, sondern auf die die gesamte Belegschaft herab prasseln lassen. Hinter vorgehaltener Hand konnte man vernehmen, dass Ronald bereits als heißer Kandidat für die Nachfolge des in absehbarer Zeit ausscheidenden Generaldirektors gehandelt wurde.

„Den Seinen gibt's der Herr im Schlaf", knirschte ich und fand mich in solchen Momenten nur schwer mit meinem Dasein als Ober-Baubuden-Rülps ab.

Während ich also weiter von Baustelle zu Baustelle tingelte, durfte Ronald erst einmal seine Koffer packen. Drei Jahre Studium an der Bezirksparteischule! Zum ersten Mal beneidete ich ihn nicht.

Ich verlor ihn aus den Augen und weiß daher auch nicht, ob er dieses Studium noch zu Ende brachte, oder ob ihm schon vorher die Wende in die Quere kam. Der ungeheure Sog, den die Löcher in der Mauer verursachten, musste ihn auf mysteriöse Weise mitgerissen haben. Irgendwer verriet mir, dass unser Jünger Lenins nun zum Klassenfeind übergelaufen sei. Ich quittierte es mit einem Schulterzucken. Besaß ich doch genug eigene Sorgen. Schließlich galt es, sich möglichst unbeschadet durch die Wirren der Wende zu wursteln.

Dann kam das Frühjahr 1991. Unser bis dahin treuhänderisch verwalteter Teilbetrieb des ehemaligen Kombinates war unter den Hammer gekommen. Der Buschfunk begann zu vermelden, dass eine steinreiche West-Teutonin den Laden für einen Appel und ein Ei erworben hätte.

Und tatsächlich! Auf einer eigens dafür anberaumten Belegschaftsversammlung lernten wir die Tussi kennen. Kaum hatte sie sich als die neue Eigentümerin vorgestellt, da übergab sie auch schon das Wort an ihren „lieben Gatten", der für sie die Geschäfte führen sollte. Und – ich kippte fast vom Stuhl – dieser „liebe Gatte" war kein anderer als mein ehemaliger Studienkumpel Ronald Seichtler.

Nach wie vor eine imposante Erscheinung, die, obwohl nun schon auf Mitte Vierzig gehend, noch immer durch eine jugendlich dynamische Ausstrahlung bestach, trat er ohne Scheu vor seine ehemaligen Kollegen und hielt eine zündende Rede.

Mit der gleichen Leidenschaft, mit der er noch zwei Jahre zuvor den Sieg des Sozialismus verkündet hatte, erklärte er jetzt die freie Marktwirtschaft zur heiligen Kuh und begann auf ihrem Altar auch gleich die ersten Opfer zu schlachten.

Bei der ach so notwendigen „Gesundschrumpfung" unserer Firma sollte fast die Hälfte der Belegschaft über die Klinge springen. Aber es wurde auch eine Beförderung ausgesprochen. Die schöne Julia, die sich bislang so recht und schlecht als blutjunge Kalkulatorin herum geschlagen hatte, stieg zur Prokuristin auf.

Ich bekam von all dem wahrscheinlich nicht einmal die Hälfte mit. Der Spruch von den Seinen, denen es der Herr im Schlaf gibt, war mir plötzlich wieder gegenwärtig und dröhnte durch mein Hirn.

Erst als mich Kalle von hinten anstieß, ließ das Dröhnen nach.

„Hast du eine Ahnung, wo er dieses Kantholz aufgerissen hat?", flüsterte er.

Ich schaute ihn zunächst verständnislos an und begriff erst, als er breit grinsend mit dem Kinn nach vorn wies, wo Ronalds neue Herzdame ihren frischgebackenen Ehemann anhimmelte.

Wahrlich – diese Frau glich einem mit teuren Klamotten und garantiert echten Schmuck drapierten Kleiderständer. Alles an ihr wirkte kantig – die hervorstehenden Hüften, die spitzen Ellenbogen, der flache Brustkorb, die wadenlosen Beine.

‚Würde mich nicht wundern, wenn sie eckige Titten hätte', dachte ich und beobachtete das verzweifelte Bemühen dieses bedauernswerten Geschöpfes, in irgendeiner Form beeindruckend zu wirken.

Wenn sie sich bewegte, tat sie das mit der Grazie eines Schreitbaggers. Beim Sprechen schob sich ihr monströser Unterkiefer vor, und beim Versuch eines kleinen Lächelns wurde der schmallippige Mund zu einem gewaltigen Rechteck.

„Die kriegt garantiert ne Bockwursch quer in die Gusche", gluckste die kleine dicke Elli neben mir.

Ich nickte grinsend, kam aber nicht umhin, zuzugeben, dass diese weibliche Fehlkonstruktion zumindest faszinierende Augen besaß. Ihr Blick vermochte festzuhalten. War dies ihr Zaubermittel, mit dem sie den windigen Ronald eingefangen hatte und nun an sich zu binden wusste? Oder war nur ich es, der sich von diesen lebhaft blitzenden Augen fesseln ließ?

„Mal sehen, wie lange er es mit diesem Vogel aushält", feixte Kalle.

„Dem wird gar nichts weiter übrig bleiben. Schließlich hat sie die Kohle", zischte Elli.

Das lag nicht nur theoretisch auf der Hand, es bewahrheitete sich auch in der Praxis. Doch Ronald als der stets treu sorgende Gatte an der Seite einer immerhin steinreichen, aber ansonsten farblosen „Die-nimmt-mir-keiner-weg-Frau" – ich vermochte mir das auf Dauer nicht vorzustellen.

‚Aber man kann sich auch in Augen verlieben', dachte ich, während ich von der Landstraße abbog und die Zufahrt zum Gewerbegebiet nahm.

Keine zwei Minuten später rollte ich auf das Gelände der „PROFI-TIEF GmbH". In der Parklücke, die eigentlich mir vorbehalten war, stand ein bejahrter Benz mit polnischem Kennzeichen. Ich platzierte meinen Schlitten demonstrativ quer dahinter, stieg aus und hastete in das kleine, aber schmucke Verwaltungsgebäude. Ich stürmte über den Flur, riss dann die Tür zu Ronalds Vorzimmer auf und... wäre fast mit der dicken Elli zusammen gestoßen. Erschrocken zuckte sie zurück, und es gelang ihr gerade noch, ein Tablett mit vier vollen Kaffeetassen auszupendeln.

„Mensch Gert! Pass doch auf!"

„Tschuldigung. Aber ich muss sofort den Chef sprechen. Ist er drin?"

Ich wies mit dem Daumen nach der Tür, auf der das Schild mit der Aufschrift „Geschäftsführer" prangte.

„Da kannst du jetzt nicht rein", sagte Elli mit seltsam halsverkloster Stimme. Und da bemerkte ich auch ihre verheulten Augen.

„Heh Elli, was ist los?"

Ich nahm ihr das Tablett ab und stellte es auf ihren Schreibtisch.

„Das fragst du noch?"

Um ihren hübschen Mund zuckte es verräterisch. Noch zwei Atemzüge, und schon würden wieder die Tränen kullern. Ich glaubte, zu begreifen.

„Hat man dir auch gekündigt?"

In ihr Nicken mischte sich krampfiges Schulterbeben.

„Scheiße", sagte ich. „Und wem noch?"

„Ich weiß es nicht genau."

„Aber du hast doch die Kündigungen geschrieben!"

„Hat sie nicht!", tönte es hinter mir. „Die Schreiben wurden von mir verfasst und auch abgeschickt."

Ich drehte mich um.

Die schöne Julia! Groß, schlank – so stand sie lässig an den Türrahmen gelehnt, die Arme unter ihrem ansehnlichen Busen verschränkt. Die dunkelrot lackierten Fingernägel wirkten auf dem schwarzen T-Shirt wie ein Rudel Marienkäfer. Wie stets, stürzte mich auch jetzt ihre Erscheinung in eine mehrsekündige Sprachlosigkeit. Julia verkörperte den Inbegriff der Traumfrau überhaupt. Sie war von bestechender Schönheit – aber kalt wie Hundeschnauze.

„Das iss ne Eis-Ente", hatte Kalle mal gesagt. „In der ihrer Muschi friert dir glatt der Pimmel weg."

Julia warf mit einem energischen Kopf-Ruck ihre schwarze Mähne nach hinten und heftete ihren frostigen Blick auf mich. Schon öffnete sie den Mund, und nicht einmal das schimmernde Weiß ihrer Zähne vermochte den hochmütigen Ausdruck ihres Lächelns zu dämpfen.

„Die Kündigung betrifft die gesamte Belegschaft", erklärte sie emotionslos.

Wenn sie gesagt hätte: „Ab morgen nehme ich den Kaffee ohne Zucker", so hätte das nicht anders geklungen.

Ich fühlte mich stocksteif werden und drehte nur den Kopf ein wenig zu Elli hin. Gegenseitig starrten wir uns in die offenen Münder.

„Am Freitag wird es eine Personalversammlung geben, wo der Chef die Einzelheiten bekannt gibt. Ich will da jetzt nicht vorgreifen. Nur so viel: Die Firma wird dicht gemacht."

Ihre Worte kamen wie wuchtige Hammerschläge, und da ich ihnen nicht auszuweichen vermochte, zog ich den Kopf immer tiefer zwischen die Schultern.

„Insolvenz?", hauchte Elli.

„Nein – soweit lassen wir es erst gar nicht kommen. Es handelt sich um eine ganz normale Firmenaufgabe."

Dieser betont sachliche Ton brachte mich in Rage. Ich hob den Kopf, schaute die Prokuristin an und suchte krampfhaft nach Worten. Aber mir fiel nichts ein.

„So ganz ohne Not?", stammelte ich schließlich.

Sie zog die runden Schultern hoch, und die Marienkäfer begannen zu krabbeln.

„Was heißt schon – ohne Not? Der Chef kann das besser erklären."

„Oh ja! Das wird er! Und zwar sofort!"

Ich spürte, ich war kurz vor dem Überkochen, brauchte ein Ventil.

„Ronald!" Mit diesem Ruf riss ich die Tür zum Geschäftsführerzimmer auf und betrat den Raum. Meinem wütenden Blick begegneten vier verwunderte Augenpaare.

Ronald thronte hinter seinem Schreibtisch. Er sah abgespannt aus. Kein Wunder, denn er hatte ja eine lange Dienstreise hinter sich. Um den Konferenztisch gruppiert, saßen zwei Männer im mittleren Alter und eine aufgedonnerte Blondine mit kirschrotem Schmollmund.

„Was soll das! Ich bin mitten in einer Beratung!", fauchte es aus dem Chefsessel.

„Mir scheißegal", knurrte ich drohend und sah, wie Ronald nach Luft schnappte. „Ich will sofort wissen, was hier gespielt wird. Der kompletten Belegschaft ist gekündigt worden, und du sitzt hier mit ‚Polski Kollega' und verhökerst wahrscheinlich schon die Firma!"

Meine Vermutung schien nicht aus der Luft gegriffen, denn auf Ronalds Schreibtisch lag eine Liste, die ich bestens kannte. Hatte mich doch der Herr Geschäftsführer erst vor wenigen Tagen damit beauftragt, eine genaue Einschätzung der Gebrauchsfähigkeit aller Maschinen und Fahrzeuge vorzunehmen. Julia hatte mir dafür die aktuellen Zeitwerte zugearbeitet.

Ich deutete daher mit verächtlicher Geste auf die Papiere und schnaufte: „Aha. Diese Aufstellung ist also nichts weiter als eine Verhandlungsgrundlage für den möglichst gewinnbringenden Ausverkauf!"

Im Geiste sah ich Ronald schon aufspringen, um mich eigenhändig rauszuschmeißen, aber ich täuschte mich.

„Das müssen Sie nicht übersetzen", sagte er lediglich zu dem Schmollmund und bemühte sich um ein verbindliches Lächeln.

Dann erhob er sich betont langsam und kam, die Hände fast bis zu den Ellenbogen in den Hosentaschen vergraben, auf mich zu.

„Ich werde dir alles zu einem späteren Zeitpunkt erklären... dir und den Anderen. Und jetzt – raus!"

Ich rührte mich nicht. Wenn es sein musste, würde ich ihn unangespitzt in den Boden rammen. Und das schien er zu wissen. Sein Augenflackern machte mich auf den Umstand aufmerksam, dass ich schon eine Faust in Brusthöhe bereithielt. Er schien sich zu besinnen.

„Komm mit!", bellte er. Und an seine Gäste gewandt: „Bitte entschuldigen Sie mich für einen Augenblick. Ich bin gleich zurück."

Er schob mich auf den Gang und öffnete dort eine Tür, hinter der ich das Archiv wusste. In dem engen Raum herrschte das absolute Chaos. Die Aktenregale waren halb leer geräumt, dafür türmten sich die Ordnerstapel auf dem Fußboden. Ronald ging zu dem einzigen Tisch im Raum und fegte achtlos ein paar Halbhefter von der Platte.

„Was willst du? Mach's kurz!", blaffte er und setzte sich auf den Tisch – ein Bein lässig angezogen.

„Ich will wissen, was hier los ist", wiederholte ich und versuchte meine Stimme im Zaum zu halten. „Was veranlasst dich, so aus heiterem Himmel…?"

„Das bekommt ihr alle am Montag ausführlich erklärt", fiel er mir ins Wort. „Bis dahin sind noch einige Verhandlungen zu führen. Auch ich werde dann erst wissen, wie es konkret weiter geht."

„Wie was weiter geht?", fragte ich und spürte so ein leichtes „Alles-wird-gut-Gefühl" in mir aufkommen.

„Na ja. Zum Beispiel, wie hoch deine Abfindung ausfallen wird."

Während er gelassen die Arme vor der Brust verschränkte, fühlte ich, wie mir die vagen Hoffnungen mit eiskaltem Wassers jäh ausgetrieben wurden.

„Darauf scheiß ich!", brüllte ich auf und spürte, wie ich am ganzen Körper zu zittern begann.

„Umso besser. Dann spare ich eine nicht unbeträchtliche Summe."

Sein Gesicht verzog sich zu einem süffisanten Grinsen, das ich als zynisch deutete. Wusste er eigentlich, wie wenig mich noch davon trennte, dieses Gesicht mit methodischen Faustschlägen für immer zu entstellen?

Er musste es zumindest geahnt haben, denn er nahm die Arme von der Brust, stützte sich rücklings auf der Tischplatte ab und bog den Oberkörper nach hinten.

Den Blick an die Decke geheftet, sagte er: „Übrigens, was dich angeht, so gibt es noch eine andere Variante."

Er wippte wieder nach vorn und mit betonter Sachlichkeit fuhr er fort: „Du bist ein verdammt guter Bauleiter und… mein Freund."

Ich kam gar nicht dazu, etwas Boshaftes los zu werden. Stattdessen hörte ich zu, wie er mir einen Job bei der *Juro-GmbH* anbot.

„Kannst sogar technischer Leiter werden", lockte er.

„Bei der *Juro-GmbH*?"

Sein kurzes Auflachen verriet mir, dass ich wohl ziemlich doof aus der Wäsche guckte. Dieser Firmenname war mir natürlich nicht unbekannt. Seit fast drei Wochen prangte ein protziges Schild mit besagter Aufschrift über dem unsrigen am Eingang des Bürogebäudes. Ich wusste auch, dass Ronald einige leer stehende Räume an dieses Unternehmen vermietet hatte. Es waren auch schon Büromöbel angeliefert worden, aber damit hatten sich die Aktivitäten bislang erschöpft. Von irgendwelchen Mitarbeitern keine Spur.

„Das wird bestimmt eine Anwaltskanzlei", hatte mir Elli erst vor ein paar Tagen zugeflüstert.

„Wie kommst du denn darauf?", hatte ich gefragt.

„Na „Juro" – das klingt so nach Juristerei."

Ich fand dieses Argument einigermaßen überzeugend, und so kam es, dass ich jetzt verdutzt fragte: „Und wozu braucht mich eine Anwaltskanzlei als Bauleiter?"

„Anwälte?" Ronald lachte auf. „Wer hat dir denn das erzählt? Bei der *Juro-GmbH* handelt es sich um ein solides Tiefbau-Unternehmen."

„Die Konkurrenz im eigenen Haus? Bist du denn total bescheuert?"

Unwillkürlich war ich in den Tonfall geschlittert, wie wir ihn früher als Studenten gepflegt hatten. Ihn schien das sichtlich zu beruhigen, sah er doch die Gefahr, dass ich handgreiflich werden könnte, zunächst erst einmal als gebannt an. Er lachte erneut auf.

„Wieso Konkurrenz? Die **„Profi-Tief"** macht dicht! Ich hoffe nur, dass die *Juro-GmbH* in unserer Region ähnlich gut Fuß fassen wird, wie wir seinerseits."

Er sah wohl meine Verwirrung, denn er fühlte sich bemüßigt, noch ein paar Details nach zu schieben.

Ich weiß nicht, warum ich mich so schwer auf seine Erklärungen zu konzentrieren vermochte. Vielleicht waren es Siggis verzweifelte Hammerschläge, die wieder in meinem Kopf zu pinkern begannen.

Ronald schien das nicht zu bemerken. Nachdem ihm von meiner Seite aus keine unmittelbare Gefahr mehr zu drohen schien, wurde er wieder der erfahrene Geschäftsführer, der in gönnerhaft dozierender Art seine Phrasen von marktwirtschaftlichen Zwängen und den notwendigen unternehmerischen Reaktionen auf mich, den popligen Bauleiter, herab prasseln ließ. So flossen in die, alles im Allen recht spärlichen Informationen immer wieder Allgemeinplätze, die es mir schwer machten, das Wesentliche heraus zu filtern.

Am Ende wusste ich nicht viel mehr, als ich vorhin von Julia in nur drei Sätzen erfahren hatte.

Unsere Firma wurde also aufgegeben. Sang- und klanglos. Das stand jedenfalls fest. Die Immobilien würde diese ominöse *Juro-GmbH* übernehmen und gegebenenfalls zum Teil untervermieten. Diese GmbH, die angeblich ausreichend Kapital im Rücken hatte, würde im Wesentlichen nur aus einem Büro bestehen. Als Bauunternehmen eingetragen, würde sie sich an Ausschreibungen beteiligen. Gelang es ihr, einen Auftrag an Land zu ziehen, brauchte man für die eigentlichen Bauleistungen nur noch geeignete Subunternehmer zu binden.

Diese Praxis war nicht neu. Ich kannte einige, immer am Rande der Existenz herum dümpelnde Mini-Unternehmen, die auf solche Knebel-verträge eingehen und sich für einen Spottpreis verdingen mussten. Aber wenn hier eine bislang völlig unbekannte Firma mit diesem Konzept auftrat, dann musste tatsächlich die Kapitaldecke beträchtlich sein. Gerade in der Anfangsphase waren bei einer solchen Vorgehensweise empfindliche Verluste nicht auszuschließen. Doch was ging mich das an?

„Und was hat das mit uns zu tun?", fragte ich daher.

Ronald überging meine Frage, doch an seinem schiefen Grinsen erkannte ich, dass da sehr wohl ein Zusammenhang bestehen mochte. Aber musste ich davon wissen? Und plötzlich fragte ich mich, was mich eigentlich veranlasste, diesem

Mann, der einmal so etwas wie ein Freund gewesen war und dem ich jetzt nur noch die Pest an den Hals wünschte, länger zuzuhören.

„Den Rest kann ich mir denken", sagte ich müde. „Das bewegliche Inventar verscheuerst du an die Polen. Vom Erlös machst du dir ein paar schöne Jahre, und die Belegschaft bezahlt das mit ihren Arbeitsplätzen. Du darfst wirklich stolz auf dich sein. Ich dagegen kann nur noch kotzen!"

Ich wollte ihm noch mehr an den Kopf werfen, aber er kam mir zuvor. Seine Miene nahm einen fast schon gequälten Ausdruck an.

„Was weißt du schon", seufzte er theatralisch, und seine Stimme klang schleppend, als er fortfuhr: „Unternehmertum ist ein ständiger Kampf ums Überleben. Irgendwann merkt man, wie das schlaucht. Meist erst, wenn es schon zu spät ist. Gert, ich bin einfach müde geworden. Ich werde noch in diesem Jahr dreiundfünfzig. Soll ich warten, bis ich in eine Insolvenz schlittere? Es wird für mich Zeit, endlich die Früchte der nervenaufreibenden Jahre zu ernten. Jetzt sollen andere für mich arbeiten. Mir reicht es."

Das war endlich Klartext, gepaart mit erstaunlicher Offenheit.

Ich trat ein paar Schritte zurück und lehnte mich an die Wand.

‚Aus!' dachte ich. ‚Es ist vorbei!'

Ich hätte gehen können, aber eine Frage brannte mir noch auf der Zunge.

„Und deine..." Ich vermied den Begriff „Frau". „...die Inhaberin der Firma. Wie steht sie zu deinen Plänen?"

Ronald guckte zunächst verblüfft, dann überzog ein breites Grinsen sein Gesicht.

„Das geht dich zwar nichts an", sagte er, „aber es ist kein Geheimnis, dass meine Gattin sich da nicht einmischt. Wie es mit der Firma läuft, ist ihr egal. Sie hat nicht nur andere Interessen, sondern vor allem volles Vertrauen zu ihrem Mann und Geschäftsführer. Sie lässt mir uneingeschränkte Handlungsfreiheit. Genügt das?"

Mir blieb nur, schwach zu nicken.

Ronald ließ sich vom Tisch rutschen und ging zur Tür. Als er an mir vorbei kam, raunte er unter kumpelhaften Blinzeln: „Ich bin sicher, dass sie meine Entscheidung sogar mit Freude aufnehmen wird, denn künftig werde ich mehr Zeit für sie haben."

Ich biss mir auf die Lippen, überlegte, was ich dazu sagen sollte. Irgendetwas Höhnisches, möglichst Verletzendes – aber mir fiel nichts ein. Und während ich noch nach Worten suchte, war Ronald schon wieder im Chefzimmer verschwunden, wo die polnischen Neu-Unternehmer im mühsam aufgebügelten Billigzwirn sicherlich schon ungeduldig warteten. Ronald hatte in seinem Exkurs über freie Marktwirtschaft auch etwas von neuen Marktchancen im Osten gefaselt. Vielleicht gab es zwischen ihm und den Polen sogar ein Joint-Venture-Projekt?

Ich merkte, wie mir das alles gleichgültig wurde. Was nützte das Wissen über Einzelheiten? Wichtig war doch nur eines. In spätestens drei Monaten würden sich die knapp siebzig Mitarbeiter der ehemaligen „**PROFI-TIEF**" auf dem Arbeitsamt begrüßen.

Als ich mich von der Wand löste, merkte ich erst, wie ausgelaugt ich war. Zum ersten Mal in meinem Leben fühlte ich mich alt – alt und verbraucht. Mit hängenden Schultern schlurfte ich hinüber zum Vorzimmer.

„Ich mach mich vom Acker", sagte ich.

Elli, die hinter ihrem Computer saß, hob den Kopf und versuchte ein verständnisvolles Nicken. Ihre Miene hatte sich sichtbar aufgehellt. Zufällig fiel mein Blick auf den Bildschirm. „Bewerbung" stand da in dicken Lettern über einem angefangenem Text. Elli hatte meinen Blick bemerkt und glaubte wohl, mir das erklären zu müssen.

„Julia hat gemeint, ich solle mich bei der *Juro* bewerben. Ich hätte gute Chancen, genommen zu werden."

„Julia hat das gesagt – so, so. Na ja – freut mich für dich."

Ich ließ mir meine Überraschung nicht anmerken. Und während ich auf dem Weg nach draußen darüber nachdachte, wie Julia wohl dazu kam, für diese ominöse Firma so etwas wie Personalpolitik zu betreiben, fiel es mir plötzlich wie Schuppen aus den Haaren. Auch Ronald hatte mir vor wenigen Minuten erst einen Job bei der *Juro-GmbH* angeboten. *Ju–Ro...* das waren doch lediglich die zusammengezogenen Anfangsbuchstaben von Julia und Ronald!

Diese Drecksäcke! Während die eine Firma abgewickelt wurde, war die andere längst im Aufbau begriffen. Diesmal mit einem Minimum an Arbeitskräften. Die eiskalte Julia und der nicht minder kaltschnäuzige Ronald! Waren die beiden tatsächlich ein Pärchen, wie man in der Belegschaft hier und da munkeln hörte?

Meine Müdigkeit verzog sich in dem Maße, wie die Wut wieder hoch kochte. Am liebsten wäre ich Ronald noch einmal auf die Bude gerückt, um ihn...

Ja, was eigentlich? Um genauso abgespeist zu werden, wie eben? Der Hund war nun einmal aalglatt. Da besaß ich keine Chance.

Oder doch?

Auf dem Hof empfing mich die brütende Julihitze. Die Sonne donnerte unbarmherzig auf meinen angekahlten Schädel und zerkochte meine Gedanken zu einem undefinierbaren Brei.

Die Klimaanlage in meinem Wagen rettete mich vor dem Kollaps. Eine Weile fuhr ich ziellos über die Dörfer, bis ich beschloss, mir für den Rest des Tages frei zu nehmen. Körper und Seele schrien regelrecht nach einer reinigenden Abkühlung. Für den Körper gab es die Dusche. Für die Seele...

Ich griff zum Handy, rief Brigitte an. Ihre schläfrige Stimme, mit der sie sich meldete, verriet mir, dass sie den Vormittag ausgiebig dafür genutzt hatte, um sich in ihrem klimatisierten Schlafzimmer von den angenehmen Strapazen der letzten Nacht zu erholen.

„Ich muss dich sehen", sagte ich hastiger als gewollt.

Aus dem Hörer kam ein anzügliches Schnurren, in dem plötzlich nichts mehr von Müdigkeit mit schwang.

„Wann?"

Diese Ein-Wort-Frage schien in eine schwülwarme Wolke aus purer Erotik gebettet.

„Hm." Ich blickte zur Uhr, überschlug die verbleibende Fahrzeit und kalkulierte auch noch den geplanten Duschgang mit ein. „In einer Stunde?"

„Aber gern – Hasi", gurrte es zurück.

Über dieses blöde „Hasi" ärgerte ich mich immer wieder. Anfangs hatte ich mich sogar verscheißert gefühlt, denn so viel objektive Selbsteinschätzung war mir schon eigen, um zu wissen, dass ich nun wahrlich keinen Vergleich mit so einem mümmelnden Kuscheltier aushielt. Aber welche Frau nennt ihren Geliebten schon „mein Eberchen".

Als ich mein Domizil erreichte, musste ich feststellen, dass ich mich bei der Festsetzung des Zeitrahmens verkalkuliert hatte. Mein kombinierter Wohn- und Schlafstall sah aus wie eine NVA-Mannschaftsbude nach Auslösung eines Gefechtsalarmes. Nach dem Aufräumen blieb mir kaum noch eine Viertelstunde, um den, mit reichlich Schweiß vermischten, Staub vom Körper zu duschen.

„Na bitte – Brigitte!", knurrte ich, als es auch prompt läutete, während ich noch am Frottieren war. Das feuchte Tuch eilig um die Hüften geschlungen, eilte ich zur Tür. Brigitte grinste von einem Ohr zum anderen, als ich ihr in diesem Aufzug öffnete.

„Verkalkuliert?", fragte sie und drückte mir ihre spröden Lippen in die Halsbeuge.

Als sie dann einen halben Schritt zurück trat, wies ihre Bluse einige Feuchtflecken auf. Doch sie achtete nicht darauf, sondern rammte mir ihren Ellenbogen in den Bauch und drängte mich ins Zimmer.

„Komm, ich föhne dich trocken!"

Damit schob sie mich weiter ins Badezimmer. Das Handtuch flog in eine Ecke und schon fauchte ein warmer Luftstrom über meine rosige Haut. Pedantisch führte Brigitte den Föhn über alle Partien, vergaß keine Falte und gab erst Ruhe, als meine feucht-dunkle Körperbehaarung wieder ihren rotgoldenen Schimmer zurück gewonnen hatte.

Während die Hand, die den Föhn hielt, langsam nach unten sank, begann sich die andere in besagtem Fell zu vergraben.

„Hast du dir extra frei geben lassen, weil du eine solch große Sehnsucht nach mir verspürst?"

Sie musste ziemlich laut sprechen, weil der blöde Püsterich noch jaulte. Ich nahm ihr das Ding aus der Hand, schaltete es ab und schob es in die Halterung.

„Ich habe mir nicht frei geben lassen, sondern frei genommen", sagte ich und wählte die Betonung so, dass der unterschiedliche Sachverhalt unmissverständlich rüber kam.

„Und in Zukunft wird selbst das nicht mehr nötig sein", setzte ich hinzu und unterstrich meine Worte mit einer resignierenden Geste.

Als sie mich überrascht ansah, bemerkte ich, wie sich ihr Blick verdunkelte.

„Was ist los?"

Ihre Hand fiel herab. Wohl wissend, dass ich ihr folgen würde, ging Brigitte hinüber zum Wohnzimmer.

„Erzähle!"

Sie setzte sich auf mein gerade erst frisch gemachtes Bett, stemmte die Ellenbogen auf die Knie, packte ihr Kinn in die Hände und schaute mich auffordernd an.

Ich zögerte. War es wirklich klug, ausgerechnet **sie** mit dem ganzen Kram zu belästigen? Wir schliefen miteinander, und das taten wir in einer Art Kapsel, die alle äußeren Probleme gefälligst abzuschirmen hatte. Aber im Moment brauchte ich einfach jemanden, bei dem ich Wut, Frust und nicht zuletzt auch meine Ängste abladen konnte.

Ich nahm mir vor, ruhig und sachlich zu berichten. Anfangs fand ich auch angemessene Worte, doch lange hielt ich das nicht durch. Während ich erzählte, hörte ich wieder das verzweifelte „Pling" von Siggis Hammer, sah Kalle hilflos an der Zigarette ziehen und musste Eddies wütendem Blick standhalten. Ich schaute in Ellis verheulte Augen, spürte den eiskalten Hauch, der von Julia ausging und ärgerte mich über das schnippische Kräuseln eines polnischen Schmollmundes. Als sich schließlich Ronald in seiner hochnäsigen Blasiertheit vor mein geistiges Auge schob, war es ganz aus. Ich stürmte in dem kleinen Zimmer auf und ab und spürte erst, als ich am Ende meines Berichtes angelangt war, dass mir schon wieder der Schweiß in großen Perlen auf der Haut stand.

„Was sagst du dazu?", schnaufte ich schließlich, ohne mich hinsichtlich ihrer Anteilnahme irgendwelchen Illusionen hinzugeben.

„Komm her, mein Hasi", tönte es schmeichelnd vom Bett zurück.

Brigittes rechte Hand fiel vom Kinn und tätschelte nun einladend die Bettdecke. Doch der „Hasi-Eber" war alles andere als bei Laune. Beinahe widerwillig hockte ich mich neben sie.

Als sich ihre Hand behutsam auf meinen Unterarm schob, hätte ich ihn ihr am liebsten entzogen. Nein, mir war jetzt wirklich nicht nach Zärtlichkeiten zu mute.

„Liebst du mich?"

„Was soll das jetzt?"

Meine Gegenfrage musste sehr unwirsch geklungen haben, denn die Hand auf meinem Arm zuckte kurz. Brigitte beugte den Kopf etwas nach vorn und drehte ihn dann so, dass ich gezwungen war, ihr in die Augen zu sehen. Sie wusste nur zu gut, dass ich mich dem lodernden Dunkel ihrer Pupillen nicht zu entziehen vermochte. Auch diesmal fühlte ich mich an meiner Seele gepackt und magisch festgehalten.

„Liebst du mich?", wiederholte sie ihre Frage mit einem Nachdruck in der Stimme, wie ich ihn so noch nicht kennen gelernt hatte.

„Ist denn das jetzt…?"

„Pschschscht!"

„Ich meine, ich habe doch im Moment…"

„Es ist wichtig."

Ihre Augen wurden zum Vollstrecker ihrer Gefühle, zu einem Mahlstrom, dessen Sog ich mich hilflos ausgeliefert fühlte.

„Ja, ich liebe dich", hörte ich mich sagen, und ich ahnte, dass ich nicht einmal log.

„Versprich mir, dass du mich nie enttäuschen wirst!"

Ich nickte eifrig und dachte mit keiner Silbe daran, wie leichtsinnig ein solches Versprechen sein mochte. In diesem Moment war ich zutiefst davon überzeugt, ehrlich zu sein. Mir blieb auch keine Zeit für eine tiefschürfende Analyse meiner wirklichen Empfindungen, denn ich fühlte mich sanft, aber auch mit dem notwendigen Quäntchen Nachdruck in die Rückenlage gedrückt.

Und schon hockte Brigitte auf mir und presste mir ihre spitzen Knie in die Weichen. Ihr schmaler Oberkörper klappte nach vorn, um dicht über mir pendelnd zu verharren. Das Rechteck ihres Mundes schwebte über meinem Gesicht. Und wieder packten mich ihre Augen, machten mich wehrlos und weich. Das Spiel der Finger auf meiner Brust empfand ich lediglich als Zugabe.

Ihr Hals streckte sich, und während sie meine Nasenwurzel küsste, rückten ihre kleinen, vom dünnen Blusenstoff nur dürftig abgeschirmten, Brüste in mein engeres Gesichtsfeld. Ich holte tief Luft – gerade noch rechtzeitig, ehe mir Brigittes Lippen den Mund verschlossen. Ihre spitze Zunge, die jetzt zwischen meinen Zähnen hindurch huschte, besaß etwa die gleiche Wirkung wie eine Münze, die man in den Schlitz eines Getränkeautomaten steckt. Meine Mechanik setzte sich in Bewegung.

Mit der linken Hand fasste ich ihren Hinterkopf und übte einen leichten Druck aus, der unsere Lippen noch stärker aufeinander presste. Derweil schlüpfte die Rechte in den engen Ausschnitt, nicht die Spur darauf achtend, dass zwei Knöpfe im hohen Bogen davon sprangen, um sich still unter dem Fernsehschrank zu verkrümeln.

„Los! Reiß sie herunter!", keuchte Brigitte mit feucht heißem Atem.

Ich gehorchte. Der dünne Stoff gab sofort nach, und das teure Stück hauchte auf dem Teppich sein kurzes Luxusleben aus. Den Mini-BH ereilte ein ähnliches Schicksal. Vom trennenden Stoff befreit, glühten die winzigen Halbkugeln auf, während sich die steinharten Spitzen in meine Haut zu bohren schienen.

Meine Hände glitten streichelnd den schmalen Rücken hinab, verharrten einen Moment auf den scharfkantigen Hüftknochen, ehe sie ihre Wanderung fortsetzten.

Und da war auch schon der tiefe, mir wohl bekannte, Seufzer, der Brigittes wundersame Metamorphose einleitete.

Das knorrige Kantholz begann sich unter meinen Händen auf phantastische Weise in ein butter-weiches Silikonkissen zu verwandeln. Mit drängender Wärme schmiegte es sich an mich, um schließlich mit geschmeidigen Bewegungen einen Rhythmus zu finden, dem sich anzupassen, es keiner besonderen Aufmerksamkeit bedurfte.

Nun war es an mir, tief zu seufzen. Und auch da setzte eine, wenn auch nicht den ganzen Kerl erfassende, Verwandlung ein, die allerdings umgekehrt verlief. Aus der kleinen weichen Silikonröhre erstand ein recht ansehnliches Rundholz.

Ich war bereit.

Brigitte den Slip abzustreifen, erwies sich als die Sache eines Augenblickes. Sie quittierte es mit einem zufriedenen Schnurren. Sie ließ ihre Finger prüfend über den pulsierenden Stab gleiten, glaubte, noch ein wenig massierend nachhelfen zu müssen und brachte sich nach einem letzten Kontrollblick nun selbst in Position.

Sekundenlang schwebte ihr Becken verheißungsvoll über mir. Ich bemerkte das erwartungsvolle Zittern der mageren Schenkel und spürte auch meine eigene Ungeduld durch den Körper schießen, bis sie sich brennend in nur einem Punkt konzentrierte. Begierig zogen meine Hände an ihren Hüften. Längst war aus dem Rundholz ein rot glühendes Eisen geworden, das nur noch darauf wartete, in dem sich quälend langsam nähernden Kelch, abgelöscht zu werden.

Brigitte hatte den Kopf in den Nacken geworfen, das Kinn gegen die Decke gerichtet. Ich sah, wie sich ihr Mund öffnete. Ein raues Stöhnen begleitete die genüsslich verzögerte Eintauchphase und mischte sich mit meinem unartikulierten Lustgrunzen.

Das Verharren war kurz – dann wurde Brigitte zur heißblütigen Amazone, die bei dem nun beginnenden Ritt eine Rasanz vorlegte, der ich nur unter Anspannung aller verbleibenden Kräfte zu folgen vermochte. Während sie in gewohnt zupackender Art ans Ziel zu kommen suchte, hätte ich schon eine etwas betulichere Gangart vorgezogen. Doch es gab kein Pardon und kein Verschnaufen, das den müden Gaul unter ihr etwas Erholung gegönnt hätte. Mein Gott – ich war doch mit meinen zweiundfünfzig Lenzen kein Jüngling mehr! Zwischen ihren Schenkeln fühlte ich mich plötzlich wie ein Werkstück, das man dort eingespannt hat, um es erbarmungslos zu bearbeiten.

Selbst mein orgiastisches Aufbäumen warf sie nicht aus dem Sattel, aber es kehrte die ersehnte Ruhe ein. Jetzt spürte ich auch das rasende Pochen in meinen Halsschlagadern. Der Atem flog und begann sich nur allmählich zu beruhigen. Die Strapazen der vergangenen Liebesnacht, der fehlende Schlaf, die Aufregung im Betrieb und diese erbärmliche Hitze im Raum – das alles forderte nun seinen Tribut. Kurzum: Ich war fix und fertig.

Während Brigitte ihre langsam verebbende Lust auf meinem Körper ausschlängelte, überkam mich eine wohltuende Mattigkeit. Die Anspannung des Tages begann abzufallen. So musste sich ein alternder Ritter gefühlt haben, der nach einem anstrengenden Turnier endlich aus seiner Rüstung klettern durfte.

Während ich mich wohlig reckte, spürte ich, wie die Müdigkeit unaufhaltsam in mir hoch kroch.

Als Brigitte auf der noch immer dampfenden Schweißbahn nach oben rutschte, um mit dem obligatorischen „Danach-Kuss" die Kuschelphase einzuläuten, die wiederum gewöhnlich den Auftakt zu Runde Zwo bildete, besaß ich schon große Mühe, die Augen offen zu halten. Auf ihr zärtlich ins Ohr gehauchtes Geflüster vermochte ich kaum noch zu antworten.

Sie schien die Situation dankenswerter Weise zu begreifen und stemmte sich hoch. Noch einmal bekam ich die bleischweren Deckel von den Klüsen und registrierte ein leicht enttäuschtes Brigitte-Gesicht. Doch gleichzeitig hörte ich sie mit fast schon mütterlicher Stimme sagen: „Schlaf jetzt, mein Hasi."

Dieser Aufforderung hätte es nicht bedurft. Zack! Schon knallten die Deckel wieder runter. Ich bemerkte noch, wie Brigitte aufstand und hörte ein Feuerzeug schnappen. Dann sackte ich entkräftet in Morpheus Arme und verlor damit jegliches Wahrnehmungsvermögen.

Ich muss wohl durch mein eigenes Schnarchen aufgewacht sein. In Erwartung, dass mir grelles Sonnenlicht die Augen verblitzen würde, hob ich die Lider nur einen Spalt breit. Doch das war unnötig, denn der Raum lag in einem angenehmen Halbdunkel. Verwirrt schaute ich zum Wecker.

Fünf nach halb neun", signalisierte er mir.

Uff! Ich hatte fast sechs Stunden durchgepennt! Immer noch todmüde, hätte ich mich am liebsten gleich wieder auf die andere Seite gedreht. Wenn da nicht dieser wühlende Hunger gewesen wäre.

„Nur ne Kleinigkeit", ächzte ich und wälzte mich hoch.

Ich wollte gerade in die Küche schlurfen, als mein Blick auf ein weißes Rechteck fiel, das mir vom Couchtisch aus entgegen leuchtete. Ich trat näher und sah einen kleinen Papierstapel, der vorher ganz bestimmt noch nicht dort gelegen hatte. Verwundert machte ich Licht und nahm das oberste Blatt zur Hand. Ich erkannte Brigittes eckige Handschrift.

Schatz,
ich möchte mit dir ein neues Leben beginnen! Erwarte
ich da Zuviel? Ich weiß es nicht.
*Aber eines ist sonnenklar – mit **IHM** keinen Tag län-*
ger! Ich werde mich von Ronald trennen. Das wäre in

absehbarer Zeit ohnehin passiert. Meine Liebe zu dir
wirkt nur als eine Art Katalysator.

Ich liebe dich,
Brigitte.

Während ich noch ungläubig das Blatt in der Hand hin und her drehte und den Kopf schüttelte, fühlte ich es warm in mir hoch steigen.

‚Und ich war mir so sicher, nur das Spielzeug einer nicht gerade schönen, aber sehr reichen Frau zu sein', dachte ich und versuchte die neue Situation zu begreifen.

Aber da lag ja noch etwas auf dem Tisch, das meine Aufmerksamkeit erforderte. Ich griff nach einem mehrere Seiten umfassendes Dokument. Sofort sprang mir das Logo unserer Firma ins Auge. Es schien so höhnisch zu grinsen, dass ich glaubte, mir das Lesen ersparen zu dürfen. Aber ein solch langes Kündigungsschreiben?

Ich begann, den Text zu überfliegen. Bereits nach wenigen Zeilen bemerkte ich, wie meine Hände zu zittern anfingen.

Brigittes Nachricht hatte mich zutiefst berührt, und nur weil ich mir momentan der ganzen Tragweite ihres Entschlusses gar nicht so recht bewusst war, vermochte das große Glücksgefühl noch nicht in mir aufzukommen. Ihre Worte hatten mich vor allem verwirrt und wohl auch ein bisschen glücklich gemacht. Aber das, was ich jetzt las, haute mich aus den Latschen. In meinem Kopf summte plötzlich ein ganzer Hummelschwarm, und ich musste mich wieder aufs Bett setzen.

„Das gibt's doch gar nicht!", flüsterte ich fassungslos und blätterte hastig die Papiere noch einmal durch. Der Inhalt blieb der gleiche.

„Mensch, wenn das die Kollegen erfahren! Wow! Da geht die Post ab!"

In den Händen hielt ich einen Vertrag, der mich zum Geschäftsführer der „**PROFI-TIEF** GmbH" bestellte. Ich brauchte nur noch gegen zu zeichnen. Die andere Vertragspartei hatte bereits unterschrieben.

Brigitte Nussbaum-Seichtler
Alleingesellschafter

Ich ließ mich auf dem Bett nach hinten fallen, und während ich mir – immer noch völlig durcheinander – an die Stirn griff, erfasste mich ein Kichern, das nach und nach lauter wurde und schließlich in wieherndes Gelächter überging.

„Ich sag's doch!", jappte ich schließlich. „Den Seinen gibt's der Herr im Schlaf!"

Nacht des Vergessenwollens

Quälende Nacht!
Schwarz samtenes Tuch.
Sternenbestäubt.
Hüllt mich ein
in flimmerndes Chaos.

Milliarden Sternenpixel!
Ihre feinen Lichtnadeln
perforieren meine Seele,
machen sie durchlässig,
lassen Böses
entweichen.

Schmerz irrt
durch die Unendlichkeit.
Hin zur Milchstraße,
dieser glitzernden Spur
des Vergessens,
bis sie stumpf wird
im Kometenstaub
vergangener Gefühle.

Vom Druck des Sehnens
befreit:

Ich!

Leer
und kalt
harr' ich der Sonne.

Liebe am Rande der Galaxis

Tschiesi aalte sich in dem kleinen Pool, während das angenehm temperierte Wasser schäumend ihren Körper umbrodelte. Völlig entspannt und in sich versunken, hielt sie die Augen geschlossen und atmete in gleichmäßigen Zügen die vom Duft ihrer Lieblingsessenzen geschwängerte Luft. Es sah aus, als würde sie schlafen. Doch Tschiesi schlief nicht. Sie gab sich viel-mehr sehr angenehmen Träumen hin. Ihre vorauseilenden Gedanken, hatten diesen kleinen tristen Planeten schon verlassen und bescherten ihr bereits all die rauschenden Feste, die sie laut Reiseprospekt auf Cetanian feiern würde. Die Einwohner dort galten als die gastfreundlichsten und lebenslustigsten Wesen innerhalb der Galaxis.

Das sanfte Schlurfen der Absauganlage beförderte Tschiesi in die Wirklichkeit zurück. Noch einmal streckte sie ihren Körper, ehe sie aus dem Becken stieg und vor die kleine, mit verschiedenen Toilettenartikeln bestückte, Konsole trat Während sie ihren Leib unter der Warmluftdusche dehnte, richtete sie den Blick nicht ohne einen Hauch weiblicher Selbstgefälligkeit auf ihr Hologramm. Ihre Gestalt war von ebenmäßigem Wuchs und die wenigen Fettpolster saßen exakt an den richtigen Stellen. Augenzwinkernd schenkte sie ihrem dreidimensionalen Abbild ein Lächeln, mit dem sie die Männer aller Altersklassen an den Rand des Wahnsinns zu bringen vermochte.

Ja, sie war sich ihrer reizenden Anmut durchaus bewusst, und es hatte damals keiner langen Überzeugungskunst bedurft, um sie zur Teilnahme an einem dieser regionalen Schönheitswettbewerbe zu überreden.

Und sie gewann damals tatsächlich den ersten Preis! Eine Kreuzfahrt durch die Galaxis! Sie hatte alle lukrativen Werbeverträge ausgeschlagen, auf die vielen verlockenden Heiratsangebote gepfiffen und war mit ihrem geliebten Tschui an Bord des kleinen Raumschiffes gegangen. Nur mit ihm allein von einem Sternensystem zum anderen – konnte es eine aufregendere Hochzeitsreise geben? Schon immer hatten sie davon geträumt, gemeinsam ferne Planeten zu besuchen, fremden Kulturen zu begegnen und exotische Freunde zu finden.

Doch zunächst hatte sie die Reise hierher an den Rand der Galaxis geführt. Welcher Idiot mochte diesen winzigen und obendrein so langweiligen Planeten in das Programm integriert haben? Gut, sie und Tschui wurden hier durch niemanden in ihrer Zweisamkeit gestört. Aber sie fühlte, dass die Gefahr wuchs, sich nach und nach auf den Wecker zu fallen. Wie hatte sie daher aufgeatmet, als Tschui ihrem Vorschlag, den Besuch hier vorzeitig abzubrechen, sofort zustimmte.

Tschiesi schaltete das Hologramm ab, und während sie ihre, durch das Bad leicht gerötete, Haut eincremte, überlegte sie, was sie wohl anziehen sollte. Aber dann fiel ihr ein, dass sie ja noch einen letzten kleinen Ausflug in die nähere Umgebung machen wollte. Also entschied sie sich, den smaragdgrünen Panzer anzulegen. Sie grinste bei dem Gedanken, wie schwer sich Tschui damit tun würde, sie da wieder heraus zu pellen.

So, nun noch die schicke, roséfarbene Schutzbrille aufgesetzt, und dann konnte es losgehen.

„Kommst du mit?", fragte sie ihren Tschui, der in einer Ecke des Aufenthaltsraumes saß und mit ungelenken Fingern den Bordcomputer traktierte. „Ich möchte wenigstens ein paar Aufnahmen machen. Vielleicht findet sich doch noch ein halbwegs interessantes Motiv."

Er schwenkte auf seinem Arbeitssessel herum und schaute sie nur an. Sie sah seinen begehrlichen Blick. Hatte er überhaupt zugehört?

‚Bekommt er denn nie genug?', dachte sie ein wenig verärgert.

Gleichzeitig beschlich sie aber auch die Angst vor dem Moment, wo es vielleicht nicht mehr so sein würde. Männern durfte man nie so ganz über den Weg trauen. Das glaubte sie zu wissen.

„Tut mir leid. Aber wenn wir wirklich noch in der kommenden Nacht von hier weg wollen, muss ich den Kurs fertig berechnet haben", entschuldigte er sich.

Das sah sie ein. Sie schnappte sich die Kamera und ließ Tschui an seinem Arbeitsplatz zurück. Mit verhaltenem Zischen öffnete sich die Ausstiegsluke und Tschiesi trat ins Freie.

Tief sog sie die eigenartig gewürzte Luft in ihre Lungen und blickte sich um. Die kleine Sonne stand bereits dicht über dem Horizont und warf ihre müde gewordenen Strahlen über die triste Landschaft. Soweit ihr Auge reichte, nur dieser mickrige Wald.

Langsam stieg sie die wenigen Stufen der Gangway herab, und bereits nach wenigen Schritten befand sie sich zwischen den dicht an dicht stehenden Bäumen, von denen selbst die größten sie jedoch kaum überragten. Die kleineren Exemplare einfach niedertrampelnd, schuf sie sich mühsam eine Gasse durch das Gehölz.

Schon bald begann sie vor Anstrengung zu schnaufen. Zum Glück trug sie den Panzer. Sonst wäre es ohne Hautabschürfungen nicht abgegangen.

Sie hielt den Blick auf den Boden gerichtet, immer in der Hoffnung, wenigstens dort etwas Interessantes zu entdecken.

Und da war es plötzlich wieder – eines dieser kleinen kugeligen Tiere mit dem dunkelbraunen Fell. Tschiesi hatte diese drolligen Kerlchen bereits mehrmals aus dem Bullauge des Raumschiffes beobachten können. Sie schienen sehr scheu zu sein. Ehe Tschiesi sich gebückt und die Kamera am Auge hatte, war das Wuscheltier schon im dichten Unterholz verschwunden. Tschiesi versuchte zu folgen, musste aber nach wenigen Schritten einsehen, dass das keinen Sinn machte.

Auf einer kleinen Lichtung mit einem Durchmesser von höchsten fünf Armlängen verhielt sie den Schritt, um Luft zu schöpfen. Es war sinnlos, sie würde nichts Aufregendes vor die Linse bekommen. Resignierend warf sie die Kamera über die Schulter und wollte sich gerade auf den Rückweg machen, da bemerkte sie, wie sich am Rande der Lichtung etwas bewegte. Zwischen den Baumstämmen krochen zwei graubraun gefleckte Wesen umher. Sie mochten ein wenig kleiner sein, als das Tier von vorhin. Und ihr Fell war ganz glatt.

Tschiesi ging ein wenig in die Hocke und reckte neugierig den Hals vor. Blitzartig verbargen sich die Tiere hinter einem Stamm.

„So ein scheues Viehzeug", brummte sie verärgert und richtete sich wieder auf.

Doch als sie sich umblickte, stutzte sie. Am Rande der Lichtung wimmelte es plötzlich von diesen Kreaturen. Sie lagen regungslos auf dem Waldboden, von dem sich ihr gescheckes Fell nur wenig abhob. Lediglich ihre Köpfe bewegten sich. Mit ihren winzigen, aber sehr lebhaften Augen starrten sie auf Tschiesi und verfolgten aufmerksam jede ihrer Bewegungen.

Nun besaß Tschiesi endlich ein Motiv und machte rasch ein paar Aufnahmen. Gleichzeitig stellte sie fest, dass immer mehr von diesen Tieren auf den Rand der Lichtung zu krochen. Obwohl von den kleinen Wesen mit Sicherheit keine Gefahr ausging, beschlich sie doch ein ungutes Gefühl. Sie richtete sich auf und trat einen Schritt zurück. Zu ihrem Erstaunen bemerkte sie, wie einige von ihnen plötzlich hoch schnellten und sich auf ihren Hinterbeinchen aufrichteten. Zwischen ihren dünnen Vorderläufen entdeckte Tschiesi kleine, dunkle Stachel, die auf sie gerichtet waren.

Und dann hörte sie plötzlich Laute. Es war ein monotones, abgehacktes Knattern, mit dem sich die Winzlinge wohl untereinander zu verständigen suchten. Schwache Blitze zuckten dabei aus ihren Stacheln. Interessiert beugte sie sich ein wenig vor und griff erneut zur Kamera. Sie bemerkte ein Exemplar mit einem besonders großen Stachel und nahm es ins Visier. Doch im gleichen Moment blitzte es vor ihrem linken Auge und irgendetwas donnerte gegen die Schutzbrille. Erschreckt zuckte sie zusammen und schloss instinktiv die Augen.

Als sie sie wieder öffnete, bemerkte sie den tiefen Kratzer im Glas ihrer Brille. Sollten etwa...?

Ehe sie den Gedanken zu Ende bringen konnte, blitzte und krachte es erneut. Diesmal erwischte es die andere Seite. Unwillkürlich machte sie noch einen Schritt rückwärts, musste aber feststellen, dass die blöden Viecher sogar nachrückten. Was war das nur für ein merkwürdiges Gebaren? Schon pfiff etwas haarscharf an ihrem ungeschützten Ohr vorbei.

„Jetzt habe ich aber die Schnauze voll", knurrte sie und zog eine fürchterlich böse Grimasse.

Anstatt weiter zurück zu weichen, tat sie blitzschnell einen Schritt nach vorn, bückte sich und griff mit beiden Händen zu. Die lästigen Kreaturen ergriffen sofort die Flucht und verzogen sich wieselflink hinter die schützenden Bäume, aber zwei von ihnen schafften es nicht. Zappelnd und quiekend versuchten sie sich dem Griff ihrer gepanzerten Hände zu entziehen.

„Schön ruhig bleiben. Ihr kommt mit", schnaufte sie immer noch aufgebracht.

Sie klemmte sich die heftig zappelnden Wesen unter die Arme und machte sich auf den Weg zurück zum Raumschiff.

„Schau mal, was ich gefangen habe!", rief sie aufgeregt, während sich hinter ihr das Schott schloss.

Tschui, der inzwischen mit seiner Arbeit fertig geworden war und wenigstens noch flink unter die Dusche wollte, nestelte unwirsch an seinem Bade-mantel herum und kam nur zögernd näher.

Tschiesi erzählte, wie sie die Beiden gefangen hatte und ließ sie dabei etwas unsanft auf den kleinen Arbeitstisch plumpsen.

„Und diese kleinen Dinger haben dich angegriffen?", fragte er ungläubig.

„Ja, sie besitzen so komische Stacheln. Nanu, die müssen sie verloren haben. Glaubst du mir nicht?"

„Doch, doch. Bestimmt sind sie mutiert und deshalb so angriffslustig."

Sie spürte, er sagte das nur, um nicht uninteressiert zu erscheinen. In Wirklichkeit schienen ihm die komischen Kreaturen völlig egal zu sein. Seine ganze Aufmerksamkeit war vielmehr auf seine schöne Tschiesi gerichtet, die stets von einer aus purer Sinnlichkeit gewebten Aura umgeben schien, selbst dann, wenn sie sich – so wie jetzt – mit völlig anderen Dingen beschäftigte. Man sah ihm an, wie er diesen Hauch von Erotik in sich aufnahm, der jetzt sogar seinen Blick zu verschleiern begann. Einer plötzlichen Anwandlung folgend, wollte er Tschiesi sanft in die Arme nehmen, doch die hatte gerade eines der Tierchen aufgenommen, um es näher zu betrachten.

„Irgendwie finde ich sie süß", sagte sie.

Beinahe zärtlich drückte sie das quäkende Etwas an ihre Brust und versuchte es, durch sanftes Streicheln ein wenig zu beruhigen. Doch die schwer gepanzerte Hand ermöglichte nur ein schabendes Kratzen, was dem strampelnden Tier überhaupt nicht zu gefallen schien.

„Pass auf! Ich glaube, du tust ihm weh!", sagte er.

Aber es war schon zu spät. Der raue Panzer hatte das glatte Fell unsanft aufgerissen. Nur wenige Fetzen bedeckten noch den Körper des Wesens. Tschiesi bemerkte es mit Entsetzen und beruhigte sich erst, als sie zum Glück keine Verletzungen an der gelblichen Unterhaut zu entdecken vermochte.

„Du, sieh mal! Ich glaube, es häutet sich", stellte sie erleichtert fest.

„Dann sind es Insekten", behauptete Tschui, obwohl er als Raumschiffmonteur davon nicht den blassesten Schimmer besaß.

„Hm."

Tschiesi setzte den kleinen Kerl wieder auf den Tisch zurück, worauf der sofort zu seinem Gefährten kroch.

„Hm", wiederholte sie. „Als Insekten erscheinen sie reichlich groß. Wo doch auf diesem Planeten alles andere so ausgesprochen winzig geraten ist. Aber es würde ihr massenhaftes Auftreten erklären. Ob sie es sind, die diese merkwürdigen Steinhaufen zusammentragen, die wir beim Anflug gesichtet haben?"

Er zuckte nur mit den Schultern und sah dann kopfschüttelnd zu, wie Tschiesi, nachdem sie ihre Handschuhe abgestreift hatte, wieder ein Streicheln versuchte. Doch ein Erfolg war ihr damit auch jetzt nicht beschieden. Anstatt sich wohlig einer solchen Liebkosung hinzugeben, schlangen die Beiden ihre Vorderläufe um die winzigen Köpfe und stießen immer wieder dünne Laute aus.

„Ob nun Insekten oder nicht, ich finde sie niedlich. Weißt du was? Wir nehmen sie mit und schenken sie Tschoom. Der ist Biologe. Er freut sich immer, wenn er noch unbekannte Lebewesen in seine Sammlung einreihen kann."

Von ihrer eigenen Idee sichtlich begeistert, schaute sie Tschui, um Beifall heischend, an. Doch der protestierte energisch, brachte allerhand Einwendungen vor und behauptete schließlich, dass sie ja nicht einmal wüssten, wovon sich die Viecher überhaupt ernähren.

„Die bringen wir nie lebend bis nach Hause", behauptete er schließlich.

Doch Tschiesi schaltete auf taub.

„Ich werde mich schon um sie kümmern", murmelte sie nur.

Tschui wusste, wenn sie sich etwas in den Kopf gesetzt hatte, war es schwer, ihr das wieder auszureden. Sollte er sich wegen dieser blöden Insekten mit ihr anlegen?

Ein handfester Streit war das letzte, was er jetzt gebrauchen konnte. So schaute er ergeben zu, wie sie ihre beiden Schützlinge vorsichtig in eine aus durchsichtigem Kunststoff bestehende Box setzte.

Anschließend polsterte sie den provisorischen Käfig noch mit weichen Biomidflocken aus. Dann verschwand sie in der Küche, hantierte dort eine Weile herum und kam schließlich mit einer kleinen Schale zurück, die sie mit winzigen Stückchen verschiedener Leckerbissen garniert hatte.

„Irgendetwas wird euch schon schmecken", sagte sie und schob die Schale in den Käfig.

Nicht ohne Stolz betrachtete sie ihr Werk. Es störte sie auch nicht, dass die possierlichen Kleinen lediglich verschüchtert in einer Ecke hockten. Die Gliedmaßen dicht an die Körper gedrückt, starrten sie mit ängstlich aufgerissenen Augen durch die Scheibe.

„Ihr braucht wirklich keine Angst zu haben. Nun, das werdet ihr noch merken. Ich werde für euch sorgen und alles tun, damit ihr euch wohl fühlt."

Ihre Stimme klang ungewöhnlich warm.

„Deine Fürsorge ist direkt rührend", knurrte Tschui und verspürte fast so etwas wie Eifersucht in sich aufkommen.

Er trat hinter sie und schlang seine Arme um ihren gepanzerten Leib. Sie spürte, dass es nun an ihm war, ihre Betreuung zu genießen. Langsam drehte sie sich um und blickte in seine flackernden Augen. Eine ganze Schar von Irrlichtern schien sich darin zu tummeln. Sie zupfte an seinem Bademantel, schob die Aufschläge ein wenig zur Seite und strich mit den Handtellern sanft über seine Brust. So sanft, dass ihre Hände zu schweben schienen und nur ab und an seine Haut berührten. Ein gehauchtes Streicheln!

Für einen Moment schloss er die Augen und genoss diese so aufregende Liebkosung.

„Du hast die zärtlichsten Hände des Universums", flüsterte er mit gespieltem Pathos.

Sie lächelte wissend, und dieses Lächeln verstärkte sich, als sie bemerkte, wie seine fahrig werdenden Finger über die Magnetverschlüsse ihres Schutzanzuges glitten. Polternd fielen die Platten der Brust- und Rückenpanzerung zu Boden. Dann verharrte er in fast andächtiger Bewunderung ihrer herrlichen Gestalt.

Als sie das gefühlvolle Spiel seiner Fingerkuppen auf ihrem Rücken verspürte, begannen auch ihre Augen zu leuchten. Sie schmiegte sich an ihn, nahm die Wärme seiner nackten Haut in sich auf, und während er vor ihr nieder kniete, nahm sie seinen Kopf zwischen ihre Hände und massierte sanft seine Schläfen. Sie hörte ihn aufstöhnen und spürte, wie er ihr in der immer stärker aufkommenden Erregung die letzten Stücke der Panzerung buchstäblich vom Körper riss. Achtlos flogen die einzelnen Platten durch den Raum, und eine von ihnen wurde so ungestüm geschleudert, dass sie krachend gegen die Scheibe des Käfigs flog und ein Stück aus ihr heraus brach. Jedoch weder Tschiesi noch Tschui bemerkten es. Die immer stärker aufkommende Hitze ihrer Körper begann sie einzuhüllen. Schon traten die ersten zähflüssigen Schweißtropfen hervor.

Endlich war auch die letzte Beinplatte gelöst, und Tschiesi stand in ihrer nackten Pracht vor ihm. Er richtete sich auf und umfing sie mit verklärtem Blick.

„Ich liebe dich, Tschiesi!"

„Ja, Tschui. Ich liebe dich auch", seufzte sie zurück.

Da hob er sie auf seine Arme und trug sie hinüber zur Schlafmatte. Er hatte den Antigravitationsgenerator so einreguliert, dass die, der Schwerkraft entgegen wirkenden, Kräfte etwa in doppelter Hüfthöhe ihrem Gewicht entsprachen. Mit übermütigem Schwung warf er sie in die Luft und freute sich über ihren kleinen erschreckten Aufschrei, mit dem sie das kurze Durchsacken quittierte, ehe sie in der gewünschten Höhe über dem Boden schwebte.

Räkelnd genoss sie einen Augenblick lang das wohlige Gefühl, das ihr diese unsichtbare aber ungemein weiche Polsterung vermittelte. Doch dann streckten sich ihre Arme nach ihm aus. Mit nicht mehr zu bändigender Sehnsucht zog sie ihn auf das Lager und presste seinen inzwischen schweißüberströmten Körper mit aller Kraft an sich.

Tschui ließ sie gewähren. Er atmete den berauschenden Duft ihrer Haut, der stärker und stärker wurde und ihn schließlich völlig in seinen Bann zog. Schon war er der Fähigkeit beraubt, seine Umwelt bewusst wahrzunehmen. Er sah nur noch sie, spürte nur noch sie, dachte nur noch an sie. Alle seine Sinne waren auf die Erfüllung dieser unterschwellig schon lange schwelenden, aber nun brennend heiß hervorbrechenden Sehnsucht nach ihr erfüllt.

Ihre Hände streichelten wieder mit zunehmender Intensität seine Schläfen, während er ihr mit aufregend rauer Zunge den zartblauen Schweiß vom Hals leckte.
Zum sanften Streicheln ihrer Hände gesellte sich nun auch das verwirrende Spiel ihrer grazilen Tentakel, die sich langsam an den seinen hinauf hangelten, um sich mit ihnen in immer wieder neuen Formen zu verschlingen.
Ein durch nichts zu verhinderndes Zittern durchlief seinen mächtigen Körper. Wild peitschte sein nun violett verfärbter Schwanz durch die Luft. Schon brachen die beiden Lustwurzeln aus seinen Schläfen, die sich blitzartig verlängerten und nun suchend Tschiesis Hinterkopf abtasteten. Ein kurzer Moment des erregten Forschens – dann hatten sie die einladend weichen Öffnungen in ihrem Schädel aufgespürt, drangen in sie ein und berührten die ihnen entgegen schwellenden Wonne-Rezeptoren.
Tschiesi stöhnte auf. Reflexartig zuckten ihre vier Beine nach vorn, schlangen sich um seinen Körper und rissen ihn mit plötzlich vervielfachten Kräften an sich, um ihn von jetzt an unentrinnbar fest zu umklammern. Ihre drei sonst kaum sichtbaren Bauchöffnungen wurden zu grünlich schimmernden Kratern, die nun seine zum Bersten gefüllten Begattungsröhren förmlich in sich aufsaugten.

Dies war der Beginn einer Phase unvorstellbarer Wollust – und beide hatten gelernt, sie gemeinsam bis zur völligen Erschöpfung auszudehnen, so, wie es nur Liebende vermögen. Nahezu synchron quittierten sie die vollzogene Vereinigung ihrer riesigen Körper mit einem unendlich tiefen Seufzer.

Es klang, als wären aus zwei Dampfkesseln plötzlich die Überdruckventile heraus geflogen. Das Zischen und Fauchen steigerte sich ins Unerträgliche. Dazu kamen noch die widerlichen Ausdünstungen dieser Ungeheuer. Victor Kowaljow, seines Zeichens Oberleutnant in einer russischen Eliteeinheit, vermochte in diesem penetranten Gestank kaum mehr zu atmen. Aber dieses merkwürdige Verhalten der Aliens barg vielleicht eine Chance. Immer wieder ging sein Blick zu dem Loch in der Frontscheibe des Käfigs. Langsam richtete er sich auf und reckte seinen geschundenen Körper.

„Los Wanja! Lass uns verschwinden!", brüllte er, und es gelang ihm tatsächlich, den Höllenlärm zu übertönen.

Und der Angesprochene schien nicht nur zu verstehen, er erlangte auch seine Lebensgeister zurück.

Sie vergasen ihre schmerzhaften Prellungen, banden die Fetzen ihrer Kampfanzüge zusammen und ließen sich vorsichtig auf den Fußboden herab. So schnell sie konnten, verließen sie den Raum, in dem die fauchenden und tobenden Ungeheuer nach wie vor ihr rätselhaftes Spiel trieben. Irgendwie schafften sie es, eine Lüftungsöffnung zu erwischen, durch die sie ins Freie gelangten. Augenblicke später wurden sie von den unendlich weiten Wäldern der Taiga geschluckt.

Doch es gab kein Ausruhen. Nur noch einmal tief durchatmen, und dann rannten sie durch das krachende Unterholz. Die Angst half ihnen, die Schmerzen zu verdrängen, und so liefen sie fast die ganze Nacht hindurch. Noch vor dem Morgengrauen sahen sie plötzlich das fremde Raumschiff hoch über den Wipfeln der Bäume schweben.

„Die suchen uns!", rief Wanja aufgeregt, und er spürte, wie ihm die aufkommende Angst die Kehle zuzuschnüren begann.

Aber nur wenige Minuten später durften sie aufatmen. Das unbekannte Flugobjekt entfernte sich. Es stieg höher und höher, wurde zu einem winzigen Punkt und war bald mit dem bloßen Auge nicht mehr auszumachen.

Die beiden Soldaten setzten ihren Weg fort. Nun konnten sie gemächlicher ausschreiten. Gegen Mittag erreichten sie schließlich den Fluss, an dessen Ufern ihre Einheit lagerte.

Mit ungläubigem Staunen lauschte der Regimentskommandeur dem Bericht seiner längst tot geglaubten Untergebenen.

Als sie damit fertig waren, rieb er sich eine Weile schweigend das stopplige Kinn.

„Karascho", brummte er schließlich. „Ihr seid ehrliche Kerle und gehört zu den Tapfersten meiner Einheit. Deshalb will ich euch die Geschichte abnehmen. Aber von jetzt an – kein Wort mehr. Ponimaitje?"

Die Beiden nickten ergeben und hielten tatsächlich die Klappe.

Und ihr Schweigen wurde belohnt. Sie erhielten Sonderurlaub und durften nach Moskau fahren, um im Kreml den großen „Putin-Stern am Roten Band" an die Brust geheftet zu bekommen. Dass sie in Anerkennung ihrer Heldentat obendrein noch jeder mit einem fabrikneuen PKW „LADA" bedacht wurden, ist wahrscheinlich nur ein Gerücht. Fest steht aber, dass sie ihr Schweigen wahrten.

Und so kommt es, dass in Hollywood nach wie vor Filme gedreht werden, in denen Außerirdische stets als blutrünstige, Menschen verschlingende und nur auf sinnlose Zerstörung bedachte Ungeheuer über die Leinwand monstern. Nur, weil sie anders sind, werden ihnen Gefühle, die wir als „menschlich" bezeichnen, strikt aberkannt. Schade. Denn das haben Tschiesi und Tschui nun wahrhaft nicht verdient.

Halterlos gealtert

Die Köchin (im reiferen Alter)
schob Suppe zum Ausgabeschalter.
So warm wurd's ihr plötzlich
ums Herz – wie entsetzlich!
Sie trug keinen Büstenhalter.

Übrigens – sie kann auch kochen

Während seiner Rückreise von der Leipziger Buch-
messe hatte Micha sich entschlossen, in der Klein-
stadt Grimlau den Zug verlassen und war, die
milde Luft dieses Spätsommer-Nachmittags genießend, ein
wenig durch die Altstadt gebummelt.
Zwischen seinem letzten Besuch und heute lagen fast drei
Jahrzehnte. Doch diese lange Zeitspanne schmolz beim
Durchwandern der schmalen, von uralten Häusern gesäum-
ten, Straßen und Gassen immer mehr zusammen. Es schien,
als hätte die Entwicklung einen Bogen um diesem betulichen
Ort gemacht. Dachte man sich die schreiend bunten Werbe-
plakate einfach weg, so hätte man sich in eine Filmkulisse
der sechziger Jahre versetzt geglaubt.

Micha wurde richtig warm um die Seele, denn aus jeder
grauen Ecke sprang ihn Vertrautes aus seinen Kindertagen
an.

Irgendwann hatte er sogar vor seiner ehemaligen Schule
gestanden und schmunzelnd festgestellt, dass selbst die
einstmals kunstvoll in die Fassade gemeißelte Losung

„Für Frieden und Völkerfreundschaft – seid bereit!"

die Wende überdauert hatte.

Als er schließlich der Kulisse unbeschwerter Kindheitsta-
ge den Rücken kehrte, um zu dem am Stadtrand liegenden
Bahnhof zurück zu kehren, tat es ihm leid, sich nicht etwas
mehr Zeit für diese kleine Reise in die Vergangenheit ge-
nommen zu haben.

Er betrat gerade noch rechtzeitig den Bahnsteig, um eine
Durchsage zu vernehmen, in der den wenigen Reisenden
mitgeteilt wurde, dass der Regionalexpress – Abfahrt 20.58
Uhr – aus technischen Gründen heute nicht verkehren wür-

de. Also hieß es für ihn, noch fast zwei Stunden warten zu müssen.

„Ein Wink des Schicksals?", fragte sich Micha, als er in der verräucherten Bahnhofskneipe vor einem Bier saß und weiter in seinen Erinnerungen stöberte.

Na, „Schicksal" war wohl übertrieben, aber er merkte, dass er mehr und mehr mit dem Gedanken zu spielen begann, für heute auf die Rückfahrt zu verzichten. Zu Hause erwartete ihn ohnehin niemand. Eine Übernachtungsmöglichkeit würde sich finden. Es war kaum anzunehmen, dass in diesem verträumten Städtchen die Hotels ausgebucht wären. Morgen war Sonntag und da würde er genügend Zeit haben, um in Ruhe all die vertrauten Orte aufzusuchen, mit deren Hilfe er viel vom Schutt des Vergessens hinweg räumen konnte, um für Momente wieder in die ferne Kindheit einzutauchen.

Schließlich stand sein Entschluss fest: „Ich bleibe bis morgen!"

Er bezahlte sein Bier und verließ den trostlosen Schuppen, der früher einmal den stolzen Namen „MITROPA-Gaststätte" getragen hatte.

Beim Durchqueren der düsteren Empfangshalle nahm er plötzlich das bekannte und so gefürchtete Grummeln in seinem Bauch wahr. Kaltes Bier pflegte bei ihm immer sofort durchzuschlagen.

Das noch aus der Kaiserzeit stammende Schild „Zu den Aborten", präsentierte sich zwar nur wenig Vertrauen erweckend, doch er besaß keine Wahl. Er folgte dem Pfeil und öffnete dann eine windschief im Rahmen hängende Tür. Als diese krachend hinter ihm ins Schloss fiel, schlug ihm dieser typische Gestank entgegen, der einem für Sekunden den Atem nimmt. Hier in dieser düsteren Gruft hatte sich der Mief ganzer Generationen in den blättrigen Putz gegraben und selbst die einstmals weißen Fliesen mit einem milchigen Schleier überzogen.

Der kurzen Gewöhnungsphase folgte leicht irritiertes Suchen, dann war der Zugang zu der einzigen Box, die noch über eine verschließbare Pforte verfügte, gefunden. Micha verharrte einen Moment im Zögern, bis sich schließlich dieses Gefühl von Todesverachtung einstellte, das einfach notwendig ist, um das nun folgende Ritual auch wirklich zelebrieren zu können.

Doch es ging schnell und reibungslos. Dem kurzen Ächzen und der befriedigenden Feststellung, dass das Bauchgrimmen aufgehört hatte, folgte ein entspannter Seufzer, in den sich bereits das Rauschen der Druckspülung mischte.

Nachdem sich Micha die Hosen wieder hochgezogen hatte und seine Finger bereits an der widerspenstigen Gürtelschnalle nestelten, fiel sein Blick auf die über und über mit sattsam bekannten Sprüchen und eindeutigen Mitteilungen verzierte Kabinenwand.

„Was mögen das nur für Typen sein, die von dem Wahn besessen sind, sich hier verewigen zu müssen? Warum tun sie das?", fragte sich Micha und wunderte sich, dass er noch nie über eine mögliche Antwort nachgedacht hatte.

„Hi – geselliger Typ sucht versauten Wichspartner! Wer Lust hat auf..." – dahinter eine Handynummer

In einer anderen „Annonce" wurden die Blowjob-Qualitäten einer gewissen Jenny gerühmt. Darunter hatte jemand in nur schwer zu entziffernder Schrift offenbar wütend festgestellt, dass der Autor der obigen Offerte überhaupt keine Ahnung hätte, und dass einzig und allein bei der rothaarigen Glibber-Chris die Post so richtig abginge.

Zwischen all die Sprüche und „Anzeigen" waren immer wieder hastig hingeworfene „Prinzipskizzen" zu sehen, die Micha erneut in seine Kindertage katapultierten, weil sie ihn daran erinnerten, wie er selbst als Elfjähriger derartige

Kunstwerke – allerdings in Kreide – heimlich auf Häuserwände gekritzelt hatte.

Wow! Da hatte sich doch tatsächlich jemand die Mühe gemacht, seine hochwichtige Mitteilung in Verse zu setzen! Micha las:

Willst du bei nem richtig netten
Weibe dich genussvoll betten,
wo keine Wünsche offen bleiben?
Dann vergiss nicht aufzuschreiben
diese Nummer – die hier steht.
Rufe an! Dann wird konkret
alles im Detail besprochen.
Übrigens – sie kann auch kochen!

Micha konnte sich nach dem Lesen dieses kleinen Kunstwerkes ein anerkennendes Nicken nicht verkneifen. Das hatte ja direkt Stil. Nun ja, die dritte Zeile begann im Gegensatz zu den anderen mit einer unbetonten Silbe und auch die letzte Zeile… hm… aber das Minigedicht lag trotzdem weit über Bahnhofsklo-Niveau, und die angegebene Telefonnummer stammte sogar aus dem Festnetz!

Micha spürte Neugier in sich aufkommen. Obwohl er sich im Stillen für total bekloppt hielt, tippte er die Nummer in sein Handy. Plötzlich wollte er wissen, wer sich hinter diesen Ziffern verbarg. Trotzdem brauchte er lange, ehe er den Mut fand, auch die grüne Taste zu drücken. Als er sich schließlich dazu durchgerungen hatte, stand er bereits auf dem menschenleeren Bahnhofsvorplatz. Während er sich das Handy ans Ohr hielt und sein Herzklopfen nun vom Rufton übertönt wurde, wanderte sein Daumen zum roten Knopf, jederzeit bereit, das Gespräch blitzartig zu beenden.

„Ja bitte?"

Eine rauchig-dunkle Frauenstimme. Der Daumen vibrierte.

„Hähm... Äh... ich wollte fragen... ja also, ich ... Sie wurden mir empfohlen!"

Am anderen Ende ein kurzes glucksendes Lachen.

„Empfohlen? Das höre ich gern. Und wann möchten Sie...?"

‚Ja, möchte ich überhaupt?', dachte Micha. ‚Worauf lasse ich mich hier ein? Ich muss behämmert sein! Ich hab doch noch nie...'

Der Daumen zuckte nervös.

„Drück doch endlich!", befahl ihm seine innere Stimme.

„Am besten gleich", hörte er sich stattdessen sagen.

„Kein Problem. Sie kennen den Weg?"

„Nein. Ich bin nur auf der Durchreise."

Der Daumen stand still.

„Aha. Also: Sie fahren durch die Stadt, biegen hinter dem Markt rechts in die... ach nee, das ist ja eine Einbahnstraße... hm... da müssen Sie..."

„Macht nichts. Ich komme ohnehin zu Fuß", sagte er und wunderte sich nicht einmal, woher er plötzlich diesen Mut nahm. Lag es nur daran, dass die Stimme so sympathisch klang?

„Dann stehen Sie jetzt doch nicht etwa vor dem Bahnhof?", fragte sie.

„Doch!"

„Oh je!"

Er hörte wieder dieses einnehmende Lachen.

„Mein Haus liegt etwas außerhalb der Stadt, direkt am Fluss. Da müssen sie mit einer guten Stunde Fußmarsch rechnen. Tja also... Wollen Sie wirklich? Ach, wissen sie was? Ich hole sie ab!"

Micha erschrak und nuschelte etwas Undefinierbares, doch die Stimme fragte nicht nach, sondern versprach in zehn Minuten vor Ort zu sein.

„Ford Mondeo-Combi, silber-metallic und ein rotes T-Shirt! Bis gleich!"

„Ja, aber..."

Sie hatte aufgelegt.

Micha verstaute sein Handy und wischte sich die verschwitzten Hände am Hosenboden ab. Ein langer Fußmarsch wäre ihm trotz Reisetasche lieber gewesen. Da wäre ihm noch Zeit zum Nachdenken geblieben. Und wahrscheinlich hätte er, in dem Bewusstsein, einer Schnapsidee verfallen zu sein, das Vorhaben aufgegeben und sich stattdessen ein Hotel gesucht.

„Feigling!", rief ihm jetzt die innere Stimme zu. „Wer A sagt, muss das B folgen lassen. Wer eine Verabredung trifft, muss sie auch einhalten."

Micha wusste nicht, ob er diesem internen Ratgeber wirklich beipflichten sollte. Doch er nickte tapfer, zog es aber vor, sich erst einmal hinter einer der dicken Linden, die den Platz säumten, zu verkriechen.

Wie schnell doch zehn Minuten vergehen, wenn man etwas Unvermeidliches hinauszögern möchte! Micha zuckte zusammen, als er ein silberfarbenes Auto kommen sah, das auch prompt vor dem Bahnhofsgebäude hielt. Was für einen Fahrzeugtyp hatte sie genannt? Glatt vergessen! Vielleicht war sie es gar nicht?

Aber da schlängelte sich bereits eine rot beshirtete Frau aus dem Wagen. Sie streckte sich kurz und fuhr ein paar Mal ordnend durch ihre schulterlange Blondmähne, ehe sie sich suchend umschaute.

„Sie sieht von weitem aus, als wäre sie aus der Nähe hübsch", murmelte Micha in sich hinein und wunderte sich über seine plötzliche Gelassenheit.

Aber Mut stellt sich eben oft erst in dem Augenblick ein, wenn die Gefahr ein Gesicht bekommt. Aber ging von dieser Frau überhaupt eine Gefahr aus? Einen Moment lang beobachtete er, wie sie den Blick über den Platz schweifen ließ und dabei neben dem Auto auf und ab ging.

Schließlich gab er sich einen Ruck, schulterte sein Gepäck und trat aus dem Schatten der Linde hervor. Je näher er kam, umso mehr fühlte er sich in seinem ersten Eindruck bestätigt.

Sie sah gut aus! Die engen Jeans und das nicht minder körperbetonte T-Shirt vermittelten den Eindruck, dass die Maße dieser Frau wohl ziemlich dicht an die, allgemein als Ideal betrachteten, Werte heran reichen mochten. Die beängstigend hohen Absätze ihrer Schuhe schien sie mit traumwandlerischer Sicherheit zu beherrschen. Das verlieh ihr einen sehr aufrechten und durch das leichte Schwingen von Hüften und Po durchaus erotisch wirkenden Gang.

Die in der Abenddämmerung rotgold schimmernden Haare umrahmten ein Antlitz, das man nicht lapidar mit schön oder hübsch beschreiben konnte. Es wirkte einfach nur anziehend. Und dieser Eindruck wurde durch das gewinnende Lächeln, das sie aufsetzte, als sie Micha schließlich entdeckte, noch verstärkt.

„Hallo! Sie sind wohl der Herr mit der Empfehlung?"

Sie lachte und gab dabei ihre niedlich-kleinen Zähne frei.

„Tanja Lüders", sagte sie dann und reichte ihm ihre schmale, aber kräftige Hand.

Ihre lebhaft taxierenden Blicke schienen auf seinem Körper zu tanzen und machten ihn verlegen.

„Weber... Michael Weber", nuschelte er. Wenigstens der Vorname stimmte.

„Okay! Dann wollen wir mal!"

Sie ging zum Heck des Wagens, öffnete den Kofferraum und bückte sich, um noch irgendetwas zu ordnen. Ihr steil aufragendes Hinterteil nahm ihm die Luft. Donnerwetter! Zum ersten Mal, seit er die Ruftaste gedrückt hatte, freute er sich auf das Abenteuer. Was für eine Frau! Unwillkürlich drängte sich ihm der Begriff „Edelnutte" auf.

Doch da durchfuhr ihn plötzlich ein Riesenschreck. Würde er sie überhaupt standesgemäß entlohnen können? Aber er wagte auch nicht, schon jetzt nach dem Preis zu fragen. Hoffentlich durfte er mit Karte bezahlen. Peinlich – ein Edel-Nutten-Freier, der nur reichlich hundert Euro einstecken hatte. Das würde wahrscheinlich nicht einmal für die Getränke reichen.

Mit solch unerfreulichen Gedanken beschäftigt, nahm er auf dem Beifahrersitz Platz. Während sie den Motor startete und die Kupplung kommen ließ, brauchte er einige Zeit, um sich den Gurt umzuwurschteln. Erst nach mehreren Versuchen gelang es ihm, das Schloss einrasten zu lassen.

„Nervös?", fragte sie gegen die Windschutzscheibe.

„Ein wenig."

„Wohl einen anstrengenden Tag gehabt?"

Jetzt drehte sie kurz den Kopf in seine Richtung und fixierte ihn mit einem raschen, aber aufmerksamen Blick.

„Eigentlich nicht. Ich bin…"

Er brach ab, weil er nicht weiter wusste. Mein Gott, wie konnte er nur so linkisch sein? Nicht einmal auf einen Hauch von Konversation vermochte er einzugehen. Längst war die Mundhöhle staubtrocken. Alle verfügbare Körperfeuchte schien sich auf den Handflächen abgelagert zu haben.

„Sie sind geschäftlich hier?"

„Nee. Nur so. Wollte mir mal die Stadt ansehen."

„Na, so wahnsinnig aufregend ist unser Nest ja nicht gerade. Obwohl – die Gegend ist sehr schön. Mir bleibt nur viel zu wenig Zeit, um sie zu genießen. Sie machen es richtig. Sie nehmen sich diese Zeit. Und das ist wichtig bei all dem beruflichen Stress. Als was arbeiten Sie denn?"

Zum Glück musste sie sich gerade auf die Durchquerung einer winkligen Kopfsteingasse konzentrieren, was ihm ein wenig Zeit für eine Antwort ließ.

„Ich bin Ghostwriter", sagte er schließlich, als sie aus der Gasse heraus waren.

„Issn das? Noch nie gehört."

„So eine Art Schriftsteller. Ich schreibe für solche Leute, die es selbst nicht können."

„Interessant. Da verdient man sicher recht gut dabei."

Micha schwieg. Hätte er ihr jetzt erzählen sollen, dass sein letztes Buch den Namen eines Autoren trug, der vor einiger Zeit ganz kurz im Licht der Öffentlichkeit gestanden hatte, nun aber längst in Vergessenheit geraten war? Aber wie so viele wirklich Prominente hatte auch dieser Möchtegern-Star „seine" Memoiren einem völlig desinteressierten Publikum vorstellen wollen. Der Erlös aus dem Verkauf würde gerade mal die Herstellungskosten decken.

Zum Glück ging die Frau nicht weiter darauf ein. Ihre ganze Aufmerksamkeit galt jetzt vielmehr einem vor ihr zuckelnden Kleinwagen, bei dem man allem Anschein nach bereits werksseitig vergessen hatte, die Gänge drei bis fünf einzubauen. So besaß er Gelegenheit, sie nun etwas genauer zu betrachten.

Sie schien älter, als er auf den ersten Blick geglaubt hatte. Selbst im letzten Abendlicht vermochte er jetzt deutlich die Fältchen um Augen und Mundwinkel auszumachen. Auch am Kinn und am Halsansatz hatten sich bereits die ersten leisen Vorboten des Alterns eingenistet. Er tippte auf Anfang bis Mitte vierzig. Das hieß, sie könnten gleichaltrig sein.

Saß sie mit ihrem Gewerbe auf dem absterbenden Ast? War sie vielleicht deshalb sogar auf solch obskure Bahnhofs-Klo-Werbung angewiesen?

„Na los! Du oller Knusperkopp!", hörte er sie rufen und sah, wie sie temperamentvoll auf dem Lenkrad herum trommelte.

Er lachte auf.

„Was gibt es denn da zu lachen? Und ich dachte schon, sie können das gar nicht."

Sie schoss einen erstaunten Blick auf ihn ab.

„Ich amüsiere mich über den Titel, den sie gerade vergeben haben. ‚Oller Knusperkopp!' Das habe ich schon lange nicht mehr gehört."

„Das ist meine Standartbezeichnung für Leute, die mich nerven", brummte sie. Und dann: „Na endlich!"

Sie bogen in die breite Parkstraße ein. Das Tempo nahm ein wenig zu. Zur Rechten standen uralten Baumriesen, die in der fortschreitenden Dämmerung mehr und mehr zu einer schwarzen Wand verschmolzen. Irgendwo da hinten musste der Schwanteich sein.

Erneut wurden Erinnerungen wach. Ob es die Bank direkt am Ufer noch gab?

Dort hatten sie gesessen – noch nicht einmal vierzehnjährig, aber zerstritten wie ein uraltes Ehepaar. Sie hatten sich gegenseitig abscheuliche Beschimpfungen an den Kopf geworfen, bis das Mädchen auf einmal ganz still geworden war und zu weinen begonnen hatte. Seine Wut war einer plötzlichen Ratlosigkeit gewichen, mit der er zuschaute, wie die Tränen langsam die Wange herunter liefen, um dann auf der dünnen Bluse zu versickern.

Und da war auf einmal der unbändige Wunsch in ihm erwacht, seine Hände auf diese schmalen, hilflos zuckenden Schultern zu legen, das Mädchen an sich zu ziehen und die kleinen Tränenrinnsale einfach weg zu küssen. Schon hatte er die Arme ein wenig angehoben, sie aber unschlüssig wieder sinken lassen. Durfte er das?

Doch dann hörte er zwischen zwei Schluchzern die leisen, aber nachdrücklichen Worte: „Nun mach doch schon, du oller Knusperkopp!"

Wie ein Blitz drangen diese Worte durch den, aus schüchterner Zurückhaltung geschmiedeten, Panzer und brachen ihn auf. All die seit Wochen und Monaten aufgestauten Gefühle und Sehnsüchte fanden plötzlich ihre Bahn. Sie steuerten Michas Arme, mit denen er das Mädchen an sich zog. Sie dirigierten seine Hände, die ein erstes scheues Streicheln versuchten, und sie verliehen ihm den Mut für den ersten Kuss seines Lebens.

Die Phase des unsicheren Tastens und Suchens von Lippen und Zunge währte nur kurz, dann wies ihnen der allen Liebenden innewohnende Instinkt den Weg.

Ganz fest hatte sich die Kleine an ihn gepresst. Ihr so erregend heißer Atem war ihm über das Gesicht gestrichen, und ihr leises Aufstöhnen hatte ihn ermuntert, mit seinen noch unwissend scheuen Händen den noch im Aufblühen begriffenen Mädchenkörper zu erkunden.

Eingewoben in ein feines Netz aus Zärtlichkeiten hatten sie sich ganz dieser neuen, beglückenden Erfahrung hingegeben, die alles um sie her vergessen ließ. Als ihm schließlich ihre streichelnden Hände einen so noch nie erlebten Höhepunkt beschert hatten, war ihm ganz schwindlig vor Glück. Die Erregung verebbte, aber ein bislang unbekanntes Gefühl hatte von ihnen Besitz ergriffen und ließ sie in ihrer Umarmung verharren. War das Liebe?

„Mischka, wir wollen uns nie wieder so streiten. Wenn ich damit anfange, gib mir einfach einen Kuss. Versprichst du mir das?"

„Ja, Tanjuschka, das verspreche ich."

Sie hatten sich tatsächlich nie mehr gestritten. Und wenn sie wirklich mal „oller Knusperkopp" zu ihm sagte, dann tat sie das mit einer Zärtlichkeit in der Stimme, die das Schimpfwort für ihn zum Kosewort werden ließ.

Natürlich wären hitzig ausgefochtene Meinungsverschiedenheiten irgendwann wieder ausgebrochen, aber dafür hatte die Zeit nicht mehr gereicht. Nur wenige Wochen nach dieser ersten Umarmung hier am Schwanteich kam der Umzug nach Berlin. Mischas Vater war überraschend dorthin versetzt worden. Eine Welt brach zusammen. Zum ersten

Mal spürte er, welch unerträgliche Schmerzen eine verwundete Seele auszulösen vermag. Er erinnerte sich an die Nächte, wo er sich in den Schlaf geheult hatte. Sehnsucht! Jetzt wusste er, was die Erwachsenen damit meinten.

Doch er war ja noch wahnsinnig jung gewesen. Die Briefe, die sie sich regelmäßig schrieben, wurden kürzer und nach und nach auch inhaltsloser. Irgendwann hatte ihn die neue Umgebung aufgesogen. Selbst die Erinnerungen verblassten allmählich. Und nun waren sie unvermittelt und in aller Deutlichkeit wieder hervor gebrochen.

‚Tanjuschka!', flüsterte er in Gedanken und ein traurig warmes Lächeln huschte über sein Gesicht.

Diesen Namen hatte er im Russischunterricht als eine Koseform von Tanja kennen gelernt. Sie nannte ihn daraufhin Mischka.

Tanja?

Er schaute zu der Frau am Steuer und spürte plötzlich das erregte Pochen des Herzens bis in die Halsschlagader.

„Tanj...!"

Er schaffte es nicht, den Namen zu Ende zu sprechen, denn just in diesem Moment hatte die Frau eine Lücke im Gegenverkehr entdeckt und den Wagen auf die linke Fahrbahn gerissen. Micha wurde gegen die Tür gedrückt.

„Na endlich!", quittierte sie den geglückten Versuch, an dem Kleinwagen vorbei zu kommen.

Beim nicht minder heftigen Einscheren schleuderte es Micha nun mit Macht zur Fahrerseite. Für Sekunden berührten sich ihre Körper. Instinktiv suchte er nach etwas Bekanntem. Einen winzigen Moment lang schwebte seine Nase dicht über ihrem Nacken. Es gelang ihm, etwas von ihrem Duft zu erhaschen.

Tanjas Duft!

War ihm dieser Geruch tatsächlich vertraut, oder bildete er sich das nur ein, weil er es so sehr wünschte?

Aus den Augenwinkeln nahm er ihre Reaktion wahr. Sie wirkte ein wenig pikiert und zog unmissverständlich die Nase kraus. War ihr die kurze Berührung unangenehm gewesen? Aber sie wurde doch ständig von Männern berührt. Und nicht nur das!

Es gab ihm einen Stich. Seine kleine Tanja eine Edelnutte! Seine Tanja? Und wenn er sich nun irrte?

Die erste Euphorie schien verflogen, und er nahm sich vor, behutsamer vorzugehen. Der Zufall kam ihm zu Hilfe, als sie die Uferstraße erreichten und hoch über dem Wasser ein prächtiges, hell angestrahltes Gebäude ins Blickfeld kam.

„Wir sind gleich da. Dort oben, liegt übrigens das Schloss Rabenstein. Vielleicht haben sie schon einmal davon gehört?"

„Ich kenne es", sagte er hastig.

„Ach! Sie waren doch schon hier? Daher also die Empfehlung."

„Nein... das heißt... doch! Ich bin hier ein paar Jahre zur Schule gegangen. Thomas-Münzer-Oberschule."

Ihm war nicht bewusst, wie hastig er sprach, als er fortfuhr: „Von der vierten bis zur siebenten Klasse, um genau zu sein. Dann sind wir nach Berlin gezogen. Das war neunzehnhundertvierundsiebzig."

Er hielt den Atem an. Würde sie den Faden aufnehmen?

Nein. Es kam keine Antwort. Enttäuschung machte sich in ihm breit. Doch da hörte er, wie sie erst leise, aber nach und nach lauter werdend, irgendwelche Zahlen vor sich hin murmelte: "neunundsiebzig... Abi, siebenundsiebzig... zehnte, sechsundsiebzig... neunte, fünfundsiebzig... achte... hm, und die Klassenlehrerin in der siebten Klasse hieß Römmbach?"

„Ja. Sie gab Mathe und Physik."

Obwohl er bemüht war, ruhig zu sprechen, vibrierte seine Stimme vor Anspannung.

‚Sie ist es!', dachte er. ‚Sie muss es sein!'

Langsam wandte er den Kopf zu ihr und wartete auf eine Reaktion. Doch sie starrte nach wie vor konzentriert durch die Frontscheibe. Gerade wollte er sich enttäuscht wieder zurück lehnen, da wurde so kräftig auf die Bremse getreten, dass es ihn schmerzhaft in die Gurte riss.

„Mischka! Duuu?!"

Sie nahm die Hände vom Lenkrad und starrte ihn aus großen Augen an. Überraschung, Verwunderung und freudiges Erschrecken las er aus ihrem Blick, und er fand sogar etwas lang Vertrautes darin.

„Tanja!" Was war da plötzlich los in seiner Brust? „Tanja!"

Er drehte den Oberkörper zu ihr und winkelte die Arme an. Doch da glaubte er zu spüren, wie sich drei Jahrzehnte Fremdheit ernüchternd zwischen ihn und diese Frau schoben.

Unschlüssiges Verharren der Arme. Waren sie zu schwach, um eine Brücke oder wenigstens einen Steg über den Abgrund des Fast-Vergessens zu schlagen?

„Nun mach schon, du oller Knusperkopp!"

Ihr Mund wurde zur Mündung einer Pistole, aus der man soeben den Startschuss abgefeuert hatte. Michas Arme gehorchten, flogen ihr entgegen und begegneten den ihren auf halbem Wege. Keine Sekunde später trafen sich die Oberkörper mit einer Heftigkeit, die das dreißigjährige Erleben schlagartig entweichen ließ. Zumindest für Augenblicke gab es zwischen ihnen einfach keinen Raum für fremdartig Trennendes mehr.

Er spürte ihren Kopf auf seiner Schulter und nahm den unbekannten Geruch ihrer Haare in sich auf. Und da war plötzlich diese winzige Kopfbewegung, durch die sich ihre Halsmuskulatur straffte. Er spürte, wie eine Sehne seine

Lippen berührte. Das Signal! Tief hatte es sich in sein Unterbewusstsein gegraben. Dreißig Jahre hatten es nicht zu verschütten vermocht. Noch immer löste es den kleinen Reflex aus, der Michas Nasenspitze bis hinter Tanjas Ohrläppchen führte, wo sie einen Moment lang spielerisch stupsend verweilte, um so den lockend gehauchten Kuss auf die gespannt harrende Sehne vorzubereiten.

Dieses, nur eine Winzigkeit während, Spiel barg einen wohlvertrauten Automatismus in sich, dem beide folgten – bis hin zu dem Moment, wo sich ihre Lippen trafen.

Doch es wurde ein verunglückter Kuss. Die Scheu vor dem Unbekannten blieb größer, als die Macht der Vertrautheit. Rasch lösten sich die Lippen wieder, aber die Gesichter blieben sich nahe, nahe genug, um das unsichere Flackern im Auge des anderen zu erkennen.

Michas Versuch, Tanja noch einmal so an sich zu ziehen, traf auf den Widerstand ihrer sich versteifenden Arme. Erneutes Verharren in Ratlosigkeit. Micha spürte sogar ein wenig Peinlichkeit in sich aufkommen. Was nun? Sollte er sich entschuldigen. Aber sie hatte doch…

„Du müffelst", sagte sie unvermittelt.

Eigentlich hätte ihn das noch mehr verunsichern müssen. Doch die Vertrautheit in ihrer Stimme versetzte ihn in die Lage, die Nase grinsend in Richtung Achselhöhle zu richten und tief zu schnüffeln.

„Hab ich einen Deo-Versager?", fragte er ungläubig, denn er roch nichts.

„Nee. Das kommt aus den Haaren. Ganz eigenartig, so… Ich weiß nicht."

Ihm ging ein Licht auf und er hätte sie locker aufklären können. Doch er ließ es. Er hatte keine Lust das Bahnhofsklo ins Spiel zu bringen. Nicht jetzt.

„Lass uns fahren", sagte sie und löste sich vorsichtig aus der Umarmung.

Auch er zog sich wieder ganz auf seinen Sitz zurück und war nicht einmal böse darüber, weil er damit den schmerzhaften Druck des Schalt-hebels auf seine Milz loswurde.

Tanja ließ den Wagen anrollen und schien wieder ganz auf den Verkehr konzentriert zu sein. Zeit für ihn, um nachzudenken. Meinte er. Aber da hörte er sie sagen: „Von wegen empfohlen. Du hast mich gesucht, nicht wahr?"

Sein Nicken kam ohne Zögern. Hatte er unbewusst nicht in jeder Frau, die ihm in den vergangenen dreißig Jahren über den Weg gelaufen war, eigentlich immer nur Tanja gesucht? Vielleicht jedes Mal ein Quäntchen weniger, aber es war wohl stets etwas übrig geblieben.

Diese, soeben erst gewonnene Erkenntnis, mischte sich in sein ehrliches Nicken. Und nun hatte er sie gefunden. Nicht in einer anderen Frau, sondern Tanja selbst. Tja, aber wie weiter?

„Warum?" hörte er sie sagen.

Diese Frage traf ihn unerwartet. Was sollte er darauf erwidern? Dröhnend hing dieses „Warum" zwischen ihnen, und ihm schien es um ein Vielfaches lauter, als die Fahrgeräusche des Autos. Würde er sich jemals zur Aufklärung der Umstände, die ihn hierher geführt hatten, aufraffen können?

„Ich war nur neugierig", quälte er sich schließlich ab.

Ihr kurzes Auflachen verriet auch prompt den Zweifel am Wahrheitsgehalt seiner Worte. Sie würde sich mit dieser Antwort nicht zufrieden geben.

Als der Wagen unvermittelt eine Toreinfahrt passierte und vor einem respektablen Gebäude zum Stehen kam, war seine Verwirrung komplett. Wie nun weiter?

„Wir sind da", verkündete Tanja und stieg aus, ohne weiter auf Micha zu achten.

Der kroch nun auch aus dem Wagen und schaute sich um.

Das Haus, vor dem sie standen, wies drei Etagen auf, besaß zwei Eingänge mit verglasten Türen und schien noch recht neu zu sein. Michas Blick wurde aber vor allem von einem hell erleuchteten Schild angezogen, das zwischen dem zweiten und dritten Stockwerk die Front des Hauses zierte. Plötzlich begann er leise zu lachen.

„Pension - Haus Tanja"

stand da in großen Lettern. Tanja war also Besitzerin einer Pension! Und er hatte immer noch geglaubt...

Sein Lachen hatte etwas ungemein Befreiendes.

„Was gibt es da zu kichern? Hast du ein First-class-Hotel erwartet?", fragte sie und zog ein wenig ungehalten die Augenbrauen hoch.

„Nein, nein! Schon gut! Ich erkläre dir das später einmal. Okay?"

„Na gut. Dann steh hier nicht herum. Rein mit dir!"

Er nahm die Tasche aus dem Kofferraum und folgte ihr ins Haus. Die winzige Rezeption und der schmale Flur, der zur Treppe führte, besaßen ein geschmackvolles Ambiente.

„Hübsch", sagte er.

„Ja, fast alle Gäste sind mit meinem Haus zufrieden. Es dürften aber ruhig ein paar mehr Leute den Weg hierher finden. Im Sommer läuft der Laden einigermaßen, aber im Herbst wird es verdammt ruhig. Da habe ich ganz schön zu knabbern, um über die Runden zu kommen."

Dieses: „**Ich** habe ganz schön zu knabbern", ließ ihn unwillkürlich aufhorchen und ihm bewusst werden, das es ja auch ein **„Wir"** hätte sein können.

Während sie erzählte, führte sie ihn die Treppe hinauf und blieb in der ersten Etage vor einer Tür stehen.

„Tritt ein. Ich hoffe, du fühlst dich hier wohl. Abendküche gibt es nicht, aber bei dir mache ich eine Ausnahme. Darf ich dich in einer halben Stunde in meiner Privatwohnung zum Essen erwarten?"

Er sagte gern zu, war aber auch froh, jetzt erst einmal von ihr allein gelassen zu werden.

Nachdem die wenigen Sachen ausgepackt waren und das Bett einen ersten Test bestanden hatte, verschwand er unter der Dusche.

Nun hätte er eigentlich Gelegenheit besessen, unter dem entspannend herab prasselnden Wasser diese so aufregende letzte halbe Stunde in aller Ruhe Revue passieren zu lassen. Doch keine Chance! Die Gedanken waren viel zu sehr damit beschäftigt, sich gegenseitig zu jagen. Es blieb ihm also weiter nichts übrig, als sich von den Geschehnissen zunächst erst einmal treiben zu lassen.

Als er zur verabredeten Zeit artig an Tanjas Wohnungstür klopfte, empfing sie ihn mit einem herzlichen, aber unverbindlichen Lächeln.

Im Korridor roch es nach Kurzgebratenem. Er folgte ihr ins Wohnzimmer und ließ sich auf die Couch komplimentieren. Dann entschuldigte sie sich, dass sie noch keine Zeit besessen hätte, sich frisch zu machen.

„Jetzt bin ich es, die müffelt", grinste sie.

„Glaub ich nicht. Lass mal schnuppern."

In einer plötzlichen Anwandlung von Tollkühnheit, umfasste er die Frau und zog sie blitzschnell zu sich auf den Schoß. Einen Moment lang fürchtete er ihren Protest, aber als der ausblieb, begannen seine Lippen wieder ihren Mund zu suchen. Diesmal gelang der Kuss.

„Ist das deine Antwort auf meine Frage nach dem ‚Warum'?"

„Ja", sagte er, ohne auch nur einen Augenblick zu zögern.

„Hm..." Sie legte ihren Kopf an seine Brust und schien in Nachsinnen zu versinken.

Micha, von dieser wohltuenden Vertraulichkeit berührt, streichelte behutsam ihre Schulter und genoss den Zwiebeldunst, der ihren Haaren entströmte. Er hätte ewig so sitzen können, doch allmählich beschlich ihn die Furcht vor dem Augenblick, wo Tanja ihr Schweigen aufgeben würde, um vielleicht das, wovon er in diesem Moment träumte, jäh zerstören zu müssen.

Als er merkte, wie sie tief Luft holte, presste er sie im Gefühl aufkommender Besorgnis fest an sich. Er hatte begriffen: Noch einmal durfte er sie nicht los lassen.

Aber ging das überhaupt? Er wusste doch nichts von ihr. Mit welchem Recht hielt er sie so zäh umklammert? Vor nicht einmal zwei Stunden war er urplötzlich wieder in Tanjas Leben getreten, hatte einen Moment lang geglaubt, mit nur einem Kuss und nur einer Umarmung volle dreißig Jahre überbrücken zu können. Was machte ihn da so sicher?

„Mein Gott – du bringst mich ganz durcheinander", hörte er sie aufseufzen.

Als er daraufhin seinen Griff etwas lockerte, blieb sie zwar auf seinem Schoß sitzen, doch sie hob den Kopf und gewann dadurch etwas an Distanz. Gleichzeitig fuhr sie sich mit den Händen durch die Blondmähne und schüttelte sie kräftig durch. Es schien, als würde ihr das helfen, ihre Gedanken in nüchterne Bahnen zu lenken.

Sie musterte ihn mit einem Blick, den er nicht zu deuten vermochte. Fremd erschien er ihm. Im ersten Moment war er darüber erschrocken, doch dann begriff er, dass dies ja nur normal sein konnte. Für ihn musste sie doch ganz zwangsläufig zu einer Fremden geworden sein. Selbst in ihrer äußeren Erscheinung! Er hatte sie ja nicht einmal sofort wieder erkannt. Wenn sich schon ihr Äußeres so verändert hatte, wie mochte es da erst in ihrem Inneren aussehen?

Und umgekehrt? Verhielt es sich da nicht genauso?

Auf seinem Schoß saß eine durchweg fremde Frau, mit der ihn lediglich Gefühle verbanden, die unerwartet aus tiefer Vergangenheit an die Oberfläche gespült worden waren. Reichte das?

‚Ja! Es muss ganz einfach reichen!', dachte er in einer Anwandlung von Trotz.

„Tanja, ich möchte…"

Er brach ab, weil er registrieren musste, wie unter seinem Bemühen, sie wieder sanft an sich zu ziehen, sich ihr Körper versteifte und einen nicht minder sanften, aber energischen Widerstand entgegen setzte.

Sie hob eine Hand und ließ sie einen Moment lang in der Luft schweben, ehe sie die Finger in seinem dichten Haarschopf vergrub und ihn damit zwang, zu ihr aufzusehen.

„Lass mir Zeit, Micha."

Noch ehe er reagieren konnte, fühlte er sich an den Haaren in ihre Richtung gezogen. Gleichzeitig senkte sie den Kopf, wodurch sich ihre Gesichter wieder ganz nah kamen.

Schon suchte er ihren Mund, doch ihre Lippen wichen aus und trafen seine Stirn.

„Lass mir Zeit", wiederholte sie und küsste ihn auf die Nasenwurzel.

Das geschah mit einer Zärtlichkeit, die ihn spontan aufstöhnen ließ. Darin mischten sich Sehnsucht mit Ratlosigkeit und Hoffnung mit Scheu.

Genau in diesem Moment wurde die Tür aufgerissen und ein junger Mann stürmte herein. Nachdem er zwei, drei Schritte ins Zimmer gemacht hatte, blieb er verblüfft stehen.

„Oh! Du hast Besuch? Ich wusste nicht... Du hättest doch..."

Die Verlegenheit stand ihm ins Gesicht geschrieben, und das machte ihn sympathisch.

Tanja schnellte von Michas Schoß und fuhr mit beiden Händen ordnend über die Kleidung, obwohl es da gar nichts zu ordnen gab.

„Das ist mein Sohn, Phillip", sagte sie hastig und ging zu dem jungen Mann.

Sie hauchte ihm einen Kuss auf die Wange, womit sie wohl ihre Verwirrung ein wenig zu überspielen trachtete.

Der Sohn schien seine Verblüffung rasch über-wunden zu haben und ließ nun kritisch neugierige Blicke zwischen Micha und seiner Mutter hin und her gehen.

„Das ist Michael – ein alter Schulfreund von mir."

„Aha!", machte Phillip und sein Tonfall ließ seine Zweifel ahnen.

Micha war aufgestanden und reichte nun dem, ihn immer noch misstrauischen musternden, Sohn die Hand.

„Stimmt. Ihre Mutter und ich waren Klassen-kameraden. Wir haben uns heute ganz zufällig..."

„So, so. Ganz zufällig."

Phillips Blick wies mit unübersehbarer Eindeutigkeit hin zur Couch.

„Sehr viel später hätte ich ja wohl nicht kommen dürfen."

„Aber Phillip!", zischte Tanja. Und an Micha gewandt: „Seit sein Vater tot ist, glaubt er, ständig auf mich aufpassen zu müssen. Aber gleichzeitig beschwört er mich, mir endlich einen passenden Mann zu suchen. Das passt doch nicht zusammen!"

Ihr Lachen, ließ den besorgten Sohn nun selbst ein wenig erröten.

„Musst du jetzt davon anfangen?"

Tanja überhörte das und fragte stattdessen, ob Philipp gemeinsam mit ihnen Abendbrot essen wolle. Nach kurzem Überlegen kam ein knappes Nicken zurück, das allerdings wenig Begeisterung verhieß.

„Ich muss aber noch schnell an den Computer. Ich hab da ein paar Mails zu beantworten."

„Ah ja. Der Computer ruft. Na, dann will ich dich nicht aufhalten. Ich muss sowieso in die Küche."

Tanja ging zur Tür. Dort drehte sie sich aber noch einmal um und sagte an Philipp gewandt: „Ach, da fällt mir ein; zeig doch Michael etwas von dem, was du so im Internet treibst. Ich bin ganz sicher, dass ihn das interessieren wird. Er ist nämlich ein Profi."

„Meinst du? Wieso Profi?"

Auch Micha zweifelte an Tanjas Behauptung, denn seine Computerkenntnisse hielten sich in überschaubaren Grenzen. Aber er folgte Phillip ins Nebenzimmer, wo ein lindgrün gefärbter Bildschirm diffuses Licht verbreitete. Micha kam das Layout bekannt vor.

„Lesebrille", buchstabierte er laut. „Diese Web-Site kenne ich. Ein durchaus interessantes Literatur-Forum."

„Finden Sie?"

Micha nickte. Allmählich machte sich ein Grinsen auf seinem Gesicht breit, denn er glaubte, ihm sei soeben ein Licht aufgegangen.

„Man findet auf dem Forum viele Gleichgesinnte. Mit einigen der Autoren, die dort ihre kleinen Werke veröffentlichen, bin ich inzwischen sogar befreundet", sagte er.

„Echt? Demnach schreiben Sie auch? Und sie sind Mitglied bei der Lesebrille?"

Plötzlich war jegliches Misstrauen aus Phillips Augen gewichen. Jetzt spiegelte sich dort nur noch Begeisterung.

„Nein. Mitglied bin ich nicht. Aber ich lese ab und zu mal verschiedene Texte und gebe auch hin und wieder kommentierender Weise meinen Senf dazu."

„Da haben Sie eventuell auch schon etwas von mir... ein Gedicht vielleicht... Mein Nickname ist..."

„Halt!" fiel ihm Micha ins Wort. „Ich habe da erst kürzlich etwas gelesen, das könnte..." Mischas Grinsen vertiefte sich. „Es war tatsächlich ein Gedicht. Wie ging das gleich?

Ach ja...

„Willst du bei nem richtig netten
Weibe dich genussvoll betten,
wo keine Wünsche offen bleiben?"

„Heh! Warten sie! Nicht doch! Das habe ich doch gar nicht ins Netz gestellt! Woher...?" Die plötzliche Erkenntnis ließ Phillip abbrechen. „Oh nein! Verdammt, ist das peinlich!"

Der ertappte Jüngling ließ sich in den Schreibtischsessel fallen und vergrub den Kopf zwischen den Händen.

Micha lachte, dass ihm die Tränen kamen. Dann klopfte er dem jungen Mann beruhigend auf die Schultern.

„Das muss dir nicht peinlich sein. Nicht vor mir. Ohne dieses hübsche Gedicht hätte ich deine Mutter nie wieder gefunden. Zumindest in meinen Augen hat das Werk seinen Zweck erfüllt. Du kannst es ja gelegentlich überpinseln. Ist vielleicht besser so."

„Essen ist fertig!" rief es aus dem Wohnzimmer.

Tanja bekam runde Augen und verstand die Welt nicht mehr, als sie Micha und Phillip gemeinsam eintreten sah und sie mit lachenden Gesichtern deklamieren hörte:

„Diese Nummer – die hier steht.
Rufe an! Dann wird konkret
alles im Detail besprochen.
Übrigens – sie kann auch kochen"

Schwein gehabt

Rosarot und dämlich grinsend,
steht die Sau aus Ton gebrannt
auf dem Schreibtisch von Herrn Vincent.
Angefüllt bis an den Rand.

Voll mit Münzen und auch Scheinen,
die Herr Vincent hart erspart.
Jahrelang hat er sich keinen
Wunsch erfüllt – und das war hart.

Stets Verzicht auf Sinnesfreude
keine Weiber, keinen Suff.
So war's bisher, aber heute
will Herr Vincent in den Puff.

Schluss soll sein mit all dem Jammer
sparsamster Enthaltsamkeit.
Ein entschloss'ner Griff zum Hammer
Vincent ist zur Tat bereit.

Nur ein Hieb, dann fliegen Scherben.
Welch brutaler Schweinemord!
Vincent kommentiert's mit herbem
Lachen und schon reißt's ihn fort.

Seht! Er eilt mit schnellen Schritten
zu dem Freudenhause hin.
Heiße Hintern, stramme Titten!
Danach steht ihm jetzt der Sinn.

Honorar rasch ausgehandelt
Schon geht's hin zum Separee.
Ach wie grazi-ös sie wandelt
Schöööön - wie eine Märchenfee.

Und dann schubst sie ihn zum Bette.
„Komm! Mach schnell, die Zeit ist knapp!"
Beide müh'n sich um die Wette,
doch sein bestes Stück bleibt schlapp.

Lustlos hängt der müde Kleinwicht
bammelnd unter Vincents Bauch.
Viel zu spät kommt nun die Einsicht:
Was lang rastet - rostet auch.

Tief beschämt flieht er von hinnen.
Hohngelächter schallt ihm nach.
Erst in einer Kneipe drinnen
wird sie ihm bewusst - die Schmach.

Er ersäuft sein hehres Leiden.
Plötzlich kommt an seinen Tisch
ne Bekannte früh'rer Zeiten.
Graue Maus und nicht ganz frisch.

Sie so einsam - er frustriert,
leiden beide fürchterlich.
Und wie's manchmal so passiert...
Zack! Auf einmal mag man sich.

Kurz gesagt - nach allem Anschein
kommt da richtig Liebe auf,
und der Rest vom Porzellanschwein
geht dann für Viagra drauf.

Alles suubor!

Kleingärtner Herbert ist gerade dabei, den Blattläusen auf seinen Zuchtrosen die letzte Ölung zu verpassen, als hinter ihm die altersschwache Gartenpforte knarrt. Verwundert richtet er sich auf und blinzelt gegen die grelle Nachmittagssonne an.

„Helga! Du!?", ruft er erstaunt, als er in der kleinen, drallen Person seine Gartennachbarin erkennt. „Schon zurück aus dem Urlaub?"

„Nu! Schonn seid gäsdorn!", kommt es in unverfälschtem Sächsisch zurück.

In der einen Hand trägt Helga eine Thermoskanne und in der anderen schwenkt sie in kleines Kuchenpaket. Ohne weitere Worte zu verlieren, stürmt sie gleich durch bis zu Herberts Sitzecke, die er sich neben der windschiefen Laube eingerichtet hat.

Es ist nichts Ungewöhnliches, dass sie den früh verwitweten Herbert einen Besuch abstattet, während ihr Göttergatte im Garten buddelt. Sie behauptet immer, dass sie sich mit ihrem überdurchschnittlich gebüldeten Nachbarn immer so angeregt unterhalten kann.

Erst als sie ihre Mitbringsel auf dem leidlich sauberen Tisch abgelegt hat, wendet sie sich Herbert zu, der ihr neugierig gefolgt ist.

Die Umarmung ist herzlich. Mehr noch als die feuchten Wangenküsse beeindrucken ihn die schweren Brüste, die Helga nun schon seit knapp vierzig Jahren – die Zeit bis zur Pubertät nicht eingerechnet – mit ungebrochenem Stolz vor sich her schleppt und die sie jetzt mal eben kurz auf seinem Bauansatz ablegt.

„Wo steckt denn Kurt?", fragt er leicht irritiert von so viel Nähe und löst sich aus der Umarmung.

„Där sidzd off dor Derasse un basdeld."

„Was, der bastelt?" Herbert zieht verwundert die Augenbrauen hoch, aber er kommt nicht dazu, dieses neue Hobby seines Gartennachbarn näher zu hinterfragen, denn Helga lässt sich auf einen der Plastestühle fallen, holt tief Luft und beginnt übergangslos, ihre Urlaubserlebnisse herunter zu spulen. Da ist sie in ihrem Element, die Worte sprudeln nur so aus ihr heraus.

Herbert gelingt es nur hin und wieder, ein überraschtes „Oh", ein interessiertes „Ah" oder ein höfliches „Ist ja toll" zwischen ihre Sätze zu keilen. Meist bleibt ihm nichts weiter, als ein Aufmerksamkeit heuchelndes Gesicht aufzusetzen. Er ist das gewöhnt, denn Helga erzählt oft und gern. Aber heute setzt sie noch einen drauf. Schließlich hatte sie ihren Kurt, nach langjähriger Schrebergarten-Verbannung, endlich wieder einmal zu einem Auslandsurlaub überreden können. Türkei!

„Alles suubor, dord", behauptet sie.

Und dann zählt sie auf. Wetter, Unterbringung, Service, Strand, Wasser, abendliche Stimmung in der Hotelbar – alles „suubor! Und die Aussicht vom Balkon auf die, über dem Meer untergehende Sonne, kommentiert sie gehaucht mit: „Märschenhafd".

Ihr verklärter Blick streift Herbert in einer Art, die ihm auf einmal das Stillsitzen auf dem Stuhl mächtig schwer macht. Aber seine Befürchtung, sie könnte ihm ansehen, welche Phantasien durch seinen Kopf geistern, ist unbegründet.

Dafür ist Helga viel zu sehr in ihrem Fahrwasser. Jetzt erzählt sie gerade von den zahlreichen Ausflügen, die sie unternommen hatten. Wieder alles suubor.

„Un in Andalia war mor ooch!"

„Soll eine sehr reizvolle Stadt sein", vermag Herbert rasch einzuwerfen, weil sie ganz einfach mal Luft holen muss.

Sie übergeht den Einwand und erzählt von dem fürchterlichen Gewühl auf dem Basar.

„Un alle wollnse dir was vorkoof'n. Aber nich bei mir. Vier Baar Sogg'n für Kurt. Vor zwee Euro. Das war'sch."

„Sonst nichts? Kein kleines Andenken?"

„Doch! E hibsches Gobbduch! Wechen der Moschee."

„Ihr habt eine Moschee besucht?"

„Hm", macht sie nur, denn jetzt hat sie sich auf den Kuchen besonnen und ein großes Stück davon in den Mund geschaufelt.

Schnell kippt sie eine halbe Tasse Kaffee nach, und schon ist sie wieder bereit, ihren Bericht fortzusetzen.

„Doller Bau", sagte sie und lässt verzückt ihre Samtaugen rollen. „Aus dor Ferne dachd'sch erschd, das iss e Adomgrafdwerg – du vorschdesd – so e großer Gubbelbau un mit vier hohen Schornschdeinen."

Sie lacht und und bugsiert dabei erneut Kuchen an den Zähnen vorbei.

„Abor aus dor Nähe: Suupor. Un die Schornschdeine, ich meene die Mini-Redds, irre hoch. Mir wurde schon vom Hochgucken schwindlisch. Also, der Muffdi, der von da oben runder gröhld, der muss schon schwindelfrei sinn."

„Die Dinger heißen Minarette und der, der da zum Gebet ruft, ist ein Muezzin."

Herbert erntet ein freundlich gemümmeltes „Glugscheißer", dann setzt sie unbeeindruckt ihren Bericht fort.

Herbert bekommt angesichts ihrer blumigen Worte eine gewisse Vorstellung davon, wie gut ihr wohl das Kopftuch gestanden haben mag. Als sie ihn dann verbal mit in die Moschee hinein schleppt, kommt sie noch mehr ins Schwärmen. Dabei erstrahlen ihre Augen diesem leidenschaftlichen Glanz, der Herbert immer so wuschig werden lässt.

Doch er vermag sich zusammenzureißen, und er verfolgt, wie sie das Innere dieses Prachtbaus beschreibt. Sie scheint sich auf jedes Detail zu besinnen. Ganz hin und weg ist sie aber von den herrlichen Teppichen, mit denen der Fußboden fast nahtlos bedeckt gewesen sei. Beim Anblick dieser Pracht hätte sie begriffen, warum sich so viele Gläubige an dem, wohl eigens dafür errichteten, Brunnen akribisch die Füße gewaschen hätten. Sie sei heilfroh gewesen, dass Kurt nicht mit hinein gewollt hatte.

Mit seinen „Schweeßbemm" hätte er diese Meisterwerke türkischer Knüpfkunst komplett entweiht, versichert sie und bewahrt dabei sogar ihre ernste Miene.

Erst als Herbert danach fragt, womit sich Kurt denn derweil draußen die Zeit vertrieben hätte, verzieht sich ihr Mund zu einem breiten Grinsen. Sie erzählt, dass Kurt beim Herumschlendern einem Apothekergehilfen in die Arme gelaufen sei, der ihm die Wunderpille „Viagra" zu einem Spottpreis angeboten hatte.

„Glei zwee Schachdeln hadd der sich offschwadzen lass'n", kichert sie.

„Und? Wirkt das Zeug wenigsten?", fragt Herbert mit plötzlich erwachendem und nur schwer zu verbergendem Interesse.

„Geene Ahnung. Gurd had'sch noch gor nich dorfier intressierd. Der had doch blos noch seine Moschee im Gobbe."

Die Fragezeichen, die über Herberts Kopf schweben, scheint sie wahrgenommen zu haben. Ergänzend setzt sie daher hinzu, dass Kurt auch noch von einem Kramhändler in dessen Laden gelotst worden war, wo er sich dann für den Kauf eines respektablen Kartons überreden ließ.

„Und was enthielt der Karton?"

„Na die Moschee!"

Und weil die Fragezeichen noch dicker werden, ergänzt sie: „Blos als Modell nadürlich. Maßschdab eens ze hundord.

Laudor winz'sche Holz-, Babier- un Babbdeile zum Zusamm'baun. – Da brauchd där Monade!"

„Und du meinst, so lange bleiben die Pillen unberührt?", fragt Herbert und ringt sich ein Schmunzeln ab.

„Das ist zu befürchten", seufzt sie, und ihr plötzliches Hochdeutsch soll wohl den Ernst der Lage unterstreichen.

Mit betretener Miene schaut sie Herbert an, aber in ihren Augen hockt schon wieder dieses aufregende Glitzern.

Davon erneut verunsichert, greift Herbert hastig nach der Kaffeetasse, muss aber feststellen, dass die leer ist. Helga beugt sich vor und schenkt nach. Er bemerkt nicht, dass einiges von dem braunen Gesöff auf die Untertasse tröpfelt. Sein Blick hat sich längst in dem Ausschnitt ihres Schlabbershirts verloren.

„Ach Kurt", seufzt er innerlich. „Anstatt wochenlang an deiner Papp-Moschee herum zu werkeln, solltest du besser auf deine Frau aufpassen. Es tut mir furchtbar leid – aber ich fürchte, ich bin auch nur ein Mann."

Er verspürt plötzlich ein heftiges Kribbeln im Bauch. Nein, das sind nicht die berühmten Schmetterlinge – das ist vielmehr ein ganzer Hummelschwarm, der sich dort unten austobt. Ein Schwarm, dessen aufgeregtes Brummen schon bald in eine uralte „Roland-Kaiser-Melodie übergeht: „Es kann der Frömmste nicht im Frieden leben, wenn ihm die schöne Nachbarin gefällt…"

Doch mitten in diese innerlich gesummte Melodie mischt sich plötzlich ein anderes und im Moment ausgesprochen störendes Geräusch. Die Stimme von Kurt!

Wie aus dem Nichts ist er aufgetaucht und steht jetzt am Gartentor.

„Ach hier bissde – Tach Herbert – Helga, kommste mal!? Schnell, ich muss dir was zeigen! Was ganz dolles!"

Herbert registriert leicht pikiert, dass sich Kurt bei seinen Worten immer wieder kurz in den Schritt greift. Helga vergisst vor Überraschung glatt das Kauen.

„Dass du mal Zeit für mich hast!", nuschelte sie. „Haste dich von deiner Moschee losreißen können?"

„Das Scheißding hab'sch in de Donne geglobbt. Da bassde doch nischt zusamm. So e vertracktes Gelumbe!"

Helga mustert ihren Gatten mit einem Blick, der ihn selbst aus fünfzehn Metern Entfernung hart zu treffen scheint.

„Was koofste och son Mist! Wenn man dich alleene lässd, ramschsd du doch immer nur Blunder zusammen!"

„Das stimmt nicht ganz", protestiert Kurt, aber ohne Empörung in der Stimme.

Dann überzieht sich sein Gesicht zu einem breiten Grinsen.

„Gommsde jetzt?"

Das klingt irgendwie verheißungsvoll, und Helga scheint Signale zu empfangen, die nur sie zu entschlüsseln versteht.

Herbert schielt misstrauisch zu der aufregenden Frau, die er gerade noch in seiner Phantasie zum Objekt längst verschüttet geglaubter Begierden gemacht hat. Sie steht auf und hält die Augen auf Kurt gerichtet. Plötzlich scheint ihr Mann über magnetische Kräfte zu verfügen.

„Nischt für ungut", hört er sie im Weggehen. murmeln. „Mir sähn uns morschen, Herbert."

Hilflos muss Herbert zusehen, wie sich die Beiden, ohne einen Blick rückwärts zu richten, auf ihrem Grundstück verkrümeln. Den lauten Knall, den dort die Laubentür verursacht, als sie hinter dem Paar ins Schloss fällt, lässt Herbert schmerzlich zusammenzucken. Schlagartig bricht auch das Hummelgesumm ab.

‚Aus!", denkt er nur. Und noch einmal: ‚Aus! Kurt hat nun also doch die Pappmoschee gegen die Pille getauscht.'

Das Hummelgesumm ist plötzlich weg. Bittere Enttäuschung macht sich stattdessen in ihm breit, die sich allmählich in Wut umwandelt. Und es gibt nur die Blattläuse, an denen er sie austoben kann.

Tägliche Lüge

Wir sehen uns täglich,
weil es sich ergibt.
Ersehnte Begegnung,
zerreißende Qual.

Ich sag Dir tagtäglich
„Ich liebe Dich nicht!"
Mit Gesten, mit Blicken,
mit Worten, manchmal.

Ich darf es nicht anders,
gehorch' der Vernunft.
Und täglich verzweifelt
nur, lüg ich dich an.

Diana – Juliane

Mir war kalt. Die Arme fröstelnd gegen den Leib gedrückt, blieb ich stehen und sah mit einer Mischung aus Angst und Verwunderung nach oben, wo die tropfnassen Kronen der herbstlich kahlen Bäume aneinander stießen. Vom feuchtkalten Wind nur spärlich bewegt, erschienen sie mir, wie mahnend gegen das Himmelsgrau gereckte Greisenfinger. Es war, als wollten sie mich vor dem Weitergehen warnen.

Ein leises Rascheln zu meinen Füßen unterbrach für einen Augenblick die beklemmende Stille. Ich entdeckte einen dunkel gefiederten Vogel, der eilig durch das schlüpfrige Laub hüpfte, um dann unter einer knorrigen Wurzel Schutz zu suchen. Es hatte den Anschein, als seien er und ich die einzigen Lebewesen in diesem kahlen und doch so undurchdringlichen Wald. Das furchtsame Verhalten des Vogels übertrug sich auch auf mich. Unruhig folgte mein Blick dem schmal gewundenen Trampelpfad, blieb aber schon nach wenigen Metern in den dichten Nebelschwaden hängen, die wabernd im Unterholz hingen.

Wo war ich hier nur hingeraten? Und vor allem wie? So sehr ich mir auch den benommenen Schädel zermarterte – ich vermochte mich an nichts zu erinnern. Schließlich gab ich es auf, nach dem Warum und Wieso zu fragen und versuchte mittels tiefen Durchatmens der aufkommenden Panik zu begegnen.

‚Ich muss hier raus!', dachte ich nur noch und begann wieder zügig auszuschreiten.

Irgendwann musste dieser verfluchte Wald doch ein Ende haben! Und dann würde sich alles aufklären. Wenn ich erst bei den Anderen wäre, dann...

Die Anderen? Ja, wo waren sie denn? Wieso tappte ich eigentlich mutterseelenallein durch dieses gottverlassene Gehölz, wo ich doch eben noch...

Mir schauderte bei dem Gedanken, urplötzlich von einem rätselhaften Gedächtnisschwund befallen zu sein. Und nun ergriff sie mich doch - die Panik.

Ich begann zu rennen, keuchte den krummen Pfad entlang und blieb erst stehen, als ich mit dem Kopf schmerzhaft gegen einen überhängenden Ast stieß.

Hatte da nicht jemand hinter mir leise, aber hämisch gekichert? Die Hand noch an der Stelle der Stirn, wo sie der Ast getroffen hatte, drehte ich mich um. War da nicht eine schemenhafte Gestalt? Ich ging darauf zu, doch noch ehe ich Einzelheiten zu erkennen vermochte, zerfaserte sie im dicken Nebel.

„Verdammte Milchsuppe!", fluchte ich leise und erschrak vor der eigenen Stimme.

Als ich weiter ging, waren meine Schritte auf einmal sehr unsicher geworden. Der Weg wurde immer schmaler und war stellenweise kaum noch zu erkennen. Während ich mich durch sperriges Geäst zwängte, hörte ich auf einmal wieder dieses verhaltene Wispern und Tuscheln, und erneut glaubte ich, schattengleiche Wesen um mich umher huschen zu sehen.

Und dann war da plötzlich eine hässlich grinsende Fratze – nur haaresbreit neben mir. Ein kahler und mit grau-braun glänzender Haut überspannter Schädel, dem der Körper fehlte!

Ich stand zum Betonklotz erstarrt – unfähig auch nur ein einziges Glied zu rühren. Es war nicht die Angst vor dieser Horror-Visage, die mir das Blut zu Eisbrei machte. Es war vielmehr die Erkenntnis, drauf und dran zu sein, den Verstand zu verlieren. Denn das, was ich hier sah und hörte, beruhte auf Halluzinationen. Ich wusste, es gab diese Fratze nicht wirklich – sie existierte nur in meiner Einbildung.

„Ich leide nicht nur an einem unerklärlichen Gedächtnisschwund, sondern werde jetzt auch noch verrückt", flüsterte ich schaudernd, merkte aber, wie diese Erkenntnis einen Schock auslöste, der meine Lähmung löste und mich fahrig zur Stirn fassen ließ.

Unwillkürlich fiel mir Goethes „Erlkönig" ein. Genauso, wie ich mich jetzt fühlte, so musste es dem kleinen kranken Jungen in den Armen seines Vaters ergangen sein. Aber ich war ja nicht krank! Oder?

Ja, der Kopf glühte wie im Fieber, aber die Sinne fand ich hellwach. Die Nerven schienen blank zu liegen, und so kam es, dass ich bei dem kleinsten Geräusch heftig zusammenzuckte und bis ins Mark erschrak.

„Weg hier!"

Und erneut rannte ich, achtete weder auf die Zweige, die mir das Gesicht peitschten, noch auf die tückischen Wurzeln, die mir ein Bein zu stellen suchten.

Weiß der Teufel, wie lange ich so durch das Dickicht hastete, umgeben von dämonischen Schatten und umhüllt von diabolischen Lauten.

Mein Atem ging immer schwerer, keuchend entrang er sich der bereits schmerzenden Brust. Ich ahnte – auch die Beine würden nicht mehr lange ihren Dienst versehen.

Endlich eine Lichtung!

Ich wankte darauf zu, und da geschah es. Nur nach vorn schauend, übersah ich glatt den kleinen Wassergraben und stürzte auch prompt der Länge nach hinein. Heute blieb mir auch nichts erspart!

Da lag ich nun – die Arme bis zu den Ellenbogen im Schlamm, das Gesicht im üppigen Kraut, der Rest des Körpers vom trüben Wasser bedeckt.

Ich spürte, wie mich die Kälte steif werden ließ. Mit letzter Kraft stemmte ich mich hoch und zog mich aus der faulig stinkenden Brühe.

Nachdem ich mich mühsam aufgerappelt und den Graben ein paar Schritte hinter mir gelassen hatte, blieb ich stehen, um wieder etwas zu Atem zu kommen.

Just in diesem Moment gewahrte ich, wie sich der Nebel plötzlich lichtete – so, als sei er von Geisterhand hinweg gezogen worden. Ich sah, dass ich mich auf einer fast kreisrunden Wiese von vielleicht zweihundert Schritt im Durchmesser befand. Zwar hielt sie der düstere Wald vollständig umschlossen, aber der hatte auf einmal viel von seiner Bedrohlichkeit verloren. Und so, wie die Beklemmung langsam zu weichen begann, kehrte auch das klare Denken zurück.

„Ganz cool bleiben", befahl ich mir und trat weiter auf die Lichtung hinaus.

Mit den Armen immer wieder heftig den Körper umschlingend, versuchte ich, einigermaßen mit der Kälte fertig zu werden. Schließlich verfiel ich in einen gemächlichen Trab. Die Augen hielt ich aber diesmal aufmerksam zu Boden gerichtet, um nicht erneut unversehens in einen tückischen Graben zu stürzen.

Und so kam es, dass ich dieses merkwürdige Gebilde erst gewahrte, als ich mich nur noch knapp dreißig Meter davon entfernt befand.

Was war denn das nun wieder?

Erst hielt ich es für den Rest eines Turmes, doch als ich genauer hinschaute, sah es aus wie ein Monument. Einzelheiten ließen sich nicht erkennen, denn ausgerechnet im Bereich dieses Objektes hatten sich noch einige Nebelschleier erhalten.

Während ich noch rätselte, brach an einer winzigen Stelle des Himmels überraschend die dichte Wolkendecke auf. Ein einziger, scharf gebündelter Sonnenstrahl bahnte sich seinen Weg zur Erde und tauchte das seltsame Bauwerk in grell gleißendes Licht. Geblendet fuhr ich zurück.

Als ich die Augen vorsichtig wieder zu öffnen wagte, vermochte ich einen Laut der Verblüffung nicht zu unterdrücken.

Dort stand tatsächlich ein Denkmal!

Auf einem ungefähr drei Meter hohem Sockel aus dunklem, aber spiegelglatt poliertem Granit stand eine lebensgroße Statue. Gemessen an dem wuchtigen Fundament wirkte sie beinahe zerbrechlich. Ich trat langsam näher und erkannte, dass es sich um eine Frauengestalt handelte, die dort in luftiger Höhe stand und starr auf die Lichtung zu blicken schien.

Das Material, aus dem die Figur bestand, ließ sich nicht ausmachen. Man hätte glauben können, jemand hätte aus purem Jux eine komplett angekleidete Schaufensterpuppe dort hinauf gestellt. So lebensecht wirkte sie – auch in den Farben.

Die Dame steckte in einem dunkelgrünen Kostüm, das durchaus modern anmutete. Auch sah man weder Schmutz noch Spuren von Verwitterung. Das Antlitz dieser steinernen Maid war mir abgewandt, so dass ich nur ihren kleinen, aber vom Bildhauer in vollendete Form gehauenen, Kopf bewundern konnte. Bei der Frisur hatte der Künstler sehr sparsam agiert. Dieser extrem kurze Schopf verlieh der schlanken, jedoch keineswegs kraftlos wirkenden Figur eine sehr sportliche Ausstrahlung, die ebenfalls durchaus zeitgemäß anmutete.

Wie gesagt, die Skulptur wirkte fast lebendig, und man hätte meinen können, dass die Muskeln und Sehnen, die man unter dem Gewand zu ahnen vermochte, extrem angespannt schienen.

Ich wollte unbedingt das Gesicht sehen, umrundete daher den Sockel und stieß dabei auf seiner Vorderseite auf eine kleine Inschrift.

„*Diana*", las ich und wunderte mich.

Diana, die römische Göttin der Jagd! Oh – die hatten schon viele Maler und Bildhauer in Öl oder Marmor verewigt. In gewagt leichten Hüllen und somit mehr zeigend als verbergend, den Bogen kühn in der Linken und mit der Rechten nach hinten zum gefüllten Köcher greifend – so kannte ich sie aus vielen Darstellungen.

Doch die hier...?

Statt einer duftig zarten Tunika trug sie dieses, mit rustikalen Hornknöpfen besetzte, Ensemble, und das schien auch das einzige zu sein, was ihre Beziehung zur Jagd dokumentierte. In der Hand hielt sie keinen Bogen, sondern einen ganz ordinären Regenschirm, und statt des Köchers gehörte eine respektable Handtasche zu ihrer Ausstattung.

Eigentlich hätte ich jetzt ziemlich verblüfft sein müssen, aber nach allem was mir in den letzten Minuten widerfahren war, wunderte ich mich über gar nichts mehr. Ich fragte mich nur, wer dieses seltsame Denkmal in diese gottverlassene Gegend gesetzt haben mochte. Oder handelte es sich hier wieder nur um eines der Trugbilder, wie sie mir vorhin im Wald als verwaschene Gestalten und hässliche Fratzen begegnet waren?

„Junge, was ist das nur?", murmelte ich. „Ich glaube, du spinnst wirklich!"

Ich war überzeugt, dass ich nur den Sockel zu berühren brauchte, um den Spuk verschwinden zu lassen.

Zaghaft trat ich deshalb näher, streckte scheu die Hand aus und betastete vorsichtig den Stein. Er blieb, was er war – glatter kühler Granit. Also doch keine Halluzination!

Ohne die Hand wegzuziehen, sah ich nach oben. Nun konnte ich ihr Antlitz erkennen. Sie hielt den stolzen Kopf leicht in den Nacken gelegt, und ihr steinerner Blick verlor sich irgendwo in der Ferne. Die sanft gewölbte Stirn war ein ganz klein wenig gerunzelt, so dass es schien, als wäre sie in tiefes Nachdenken versunken. Das Gesicht wirkte ausgesprochen sanft und strahlte eine von winziger Melancholie überlagerte Heiterkeit aus. Ich fand es so anziehend, dass ich für einen Moment fast vergaß, dass es sich bei diesem Antlitz lediglich um ein in Stein gehauenes Kunstwerk handelte. Vielleicht lag es aber auch daran, dass alles so unglaublich lebensecht wirkte.

Um den schmal geschnitten Mund schien ein unmerkliches Lächeln zu spielen. Die Flügel der fein gemeißelten Nase erweckten den Eindruck, als würden sie ganz leicht beben, und es hatte sogar den Anschein, als leuchteten die kleinen, aber bestechend durchmodelierten Ohren im grellen Sonnenlicht.

Täuschte ich mich, oder lag da tatsächlich ein matter rosiger Schimmer auf ihren Wangen?

Ich blinzelte erneut. Narrte mich das Spiel des Lichtes? Aber noch ehe ich der Sache weiter auf den Grund gehen konnte, gewahrte ich etwas, das mich fast von den Füßen holte.

Mir war, als hätte sie sich soeben um eine Winzigkeit bewegt! Ich rieb mir die Augen und wagte einen Moment lang, kaum hinzuschauen. Doch irgendetwas in mir zwang mich, meinen Blick wieder zu heben. Und erneut wurde ich starr.

„Oh nein!", keuchte ich. „Sie bewegt sich wirklich!"

Ein Irrtum war ausgeschlossen. Sie hatte den Kopf um eine Kleinigkeit gedreht und hielt ihn jetzt ein wenig gesenkt. Ich erschrak bis im Mark, als ich den Blick der Steinaugen auf mich gerichtet fühlte.

Aber was hieß hier Stein? Diese Augen lebten, waren von einem durchdringenden Blau und schienen mich eindringlich zu mustern. Ihr Haupt lag nun genau vor der Sonne, so dass es von einer hell leuchtenden Aura umhüllt wurde.

Während ich sie mit angehaltenem Atem anstarrte, wusste ich nicht, was stärker war – der Schreck vor dieser unheimlichen Begegnung oder die Faszination ihrer Erscheinung.

Doch als sich auch noch der Körper der wunderschönen Göttin zu regen begann und sie sich tatsächlich anschickte, die steilen Stufen vom Sockel herab zu steigen, da überwog wieder die Furcht, und ich verlor nun den Rest meiner mühsam aufrecht erhaltenen Selbstbeherrschung. Meine Knie wurden zu Wattebäuschen, sie sackten durch, und schon fand ich mich auf dem nassen Gras wieder. Dabei zwang mich aber eine magische Kraft, nach wie vor zu ihr aufzuschauen.

Je weiter sie vom Sockel herab stieg, umso höher kroch in mir das Entsetzen, bis es schließlich die Kopfhaut erreichte und übermächtig zu werden drohte. Aber gerade in dem Moment, wo ich glaubte, das alles nicht mehr länger aushalten zu können, wurde ich mir meiner erbärmlichen Haltung bewusst.

Warum zitterte ich vor Angst, wo ich doch nur das Opfer skurriler Halluzinationen war? Das hier erlebte ich doch nicht wirklich!

Und merkwürdig – die Angst verflog. Ich richtete mich halb auf und begann idiotisch zu grinsen.

„Ich hätte es nie für möglich gehalten, dass man bei vollem Bewusstsein schwachsinnig werden kann", kicherte ich und beobachtete, wie sie die letzte Stufe herunter kam. Schon trat sie an mich heran.

„Jetzt gibt es nur noch zwei Möglichkeiten", murmelte ich. „Entweder der Spuk ist gleich vorbei oder ich lande noch heute im Irrenhaus."

„Steh auf! Du bist nicht verrückt."

Sprechen konnte sie also auch noch!

Nun war mir schon alles egal. Ob Halluzination oder nicht – irgendwann würde sich alles aufklären. Und ich war auf einmal richtig gespannt darauf, zu erfahren, wie es wohl weiter gehen würde.

Ich kam also ihrer Aufforderung nach und erhob mich. Rein mechanisch wollte ich den Schmutz vom Hosenboden klopfen, und da erst wurde mir bewusst, in welch jämmerlichem Zustand ich vor der schönen Göttin stand. Klatschnasse Klamotten, die Hände voller Schlamm, die Haare auf der Stirn verklebt und der Schlips nur noch ein feuchter Strick! Trat man so vor eine Abgesandte des Olymps?

Ich muss gestehen, ich schämte mich meines Aufzuges und wagte kaum, vom Boden aufzusehen.

„Wer bist du eigentlich? Wie kommt es, dass du ...?"

Ich brach verwirrt ab und betrachtete verlegen das nervöse Zucken meiner Zehen, die nur noch in den Socken steckten.

„Ich bin Diana", sagte sie in einem angenehm warmen Tonfall.

„Stimmt! Das steht auf dem Sockel", entgegnete ich mit kratziger Stimme und hob vorsichtig den Kopf.

Unsere Augen begegneten sich. Dabei machte ich eine Entdeckung, die mich zutiefst verwirrte aber zugleich auch unendlich erleichterte. Sie besaß zweifellos das Antlitz einer Göttin, aber ihr Blick war zutiefst menschlich.

„Es ist schön, dass du gekommen bist."

Wieder dieser milde Klang in ihrer Stimme.

„W-wies-so? Ha-hast d-d-du m-mich d-denn etw-wa erwwartet?", fragte ich mit heftig klappernden Zähnen.

Die Kälte überfiel mich nun schlagartig und ich schlotterte am ganzen Körper. Sie verstand das offensichtlich falsch und fragte, ob ich denn wirklich so große Angst vor ihr besäße.

„N-n-nee! N-nu-nu n-nich m-mehr. Mir iss blo…bloß so s-saukalt", bibberte ich.

„Warum jetzt nicht mehr?"

Das klang, als würde sie auf meine Antwort sehr gespannt sein. Ich wollte sie nicht enttäuschen und riss mich zusammen, so gut es eben ging.

„Deine Augen. Du hast wunderschöne Augen. Vor denen kann man keine Furcht haben", gab ich zu und freute mich, dass die Worte einigermaßen flüssig über die Lippen gekommen waren.

Sie schenkte mir daraufhin einen Blick, der mir durch und durch ging. Noch nie hatte mich eine Frau so angesehen. Zumindest fehlte mir dafür jegliche Erinnerung. Für einen Moment vergaß ich glatt, dass hier ja nur ein Trugbild vor mir stand. Dieser Blick begann plötzlich Stürme in mir auszulösen.

Sie betrachtete mich eingehend von oben bis unten, und da ich so etwas wie Mitgefühl in ihrem Gesicht zu entdecken glaubte, war es nun doppelt peinlich, in einem so verlotterten Aufzug vor ihr zu stehen.

„Du brauchst Wärme", stellte sie sachlich fest.

„Das kannst du laut sagen."

Ich gab meiner Stimme einen möglichst forschen Klang, was aber nicht ganz zu gelingen schien. Doch die schöne Diana nahm dies wohl nicht weiter zur Kenntnis.

„Auch ich brauche Wärme", sagte sie wohltuend weich. „Komm!"

Schon fasste sie mich am Arm und wollte mich sanft mit sich ziehen. Doch unwillkürlich zuckte ich zurück. Nicht, dass ich Bammel davor gehabt hätte, ihr zu folgen. Dazu war ich plötzlich nur zu gern bereit. Nein, es war ihre Hand, die mich erschreckte, denn sie fühlte sich eiskalt an. Dagegen waren selbst meine klammen Griffel noch die reinsten Heiz-elemente.

„Wenn man unentwegt reglos auf einem Sockel steht, ist das nun mal nicht anders."

Das klang fast wie eine Entschuldigung, und es tat mir leid, so spontan reagiert zu haben.

„War nicht so gemeint", murmelte ich, doch sie ging bereits einige Schritte voraus.

Ich trottete hinter ihr her und kam mir vor wie ein armer Dorfköter, den man davon gejagt hat und der nun neuen Anschluss sucht.

Als wir den Waldrand erreichten, traten die Bäume, wie von einen geheimnisvollen Zauber dirigiert, zurück und gaben einen breiten, von gleißendem Licht überströmten, Weg frei, dem wir nun folgten.

Wie gesagt – ich wunderte mich über gar nichts mehr. Außerdem besaß ich nur noch Augen für meine faszinierende Begleiterin. Dass ich ihr so bereitwillig folgte, hatte nichts mit Magie zu tun. Hier handelte es sich lediglich um jenen geheimnisvollen Zauber, den jede schöne Frau auf einen Mann auszuüben vermag.

Während wir so dahin schritten, sprachen wir kein Wort, hielten uns nur an den Händen gefasst und schauten uns hin und wieder in die Augen. Und dabei bekam ich jedes Mal fürchterliches Herzklopfen.

Noch auf der Wiese hatte ich ihr lediglich vertraut und war gespannt, auf das, was wohl noch kommen würde. Jetzt fand ich sie nur noch ungemein anziehend.

Nachdem wir wieder eine Lichtung erreicht hatten, brannte ich bereits in voller Leidenschaft. So schnell kann das gehen!

Ich weiß nicht genau, wann sie diese Veränderung an mir wahrgenommen hatte. Aber Frauen haben da ja ein viel feineres Gespür, als wir Männer dies allgemein annehmen. Und dass sie eine Frau aus Fleisch und Blut und kein Fabelwesen war, davon fühlte ich mich mittlerweile restlos überzeugt.

„Ist es nicht schön hier?"

Sie war stehen geblieben und wies mit einem Arm in die Runde. Erst jetzt löste ich meinen Blick von ihrem Profil und schaute mich um.

Ja, es war ein liebliches Fleckchen Erde, wohin sie mich entführt hatte. Wir befanden uns auf einer mit sattem Grün bestandenen und von einem bunten Blumenteppich durchwebten Wiese, sanft gewellt und von kleinen Baumgruppen durchbrochen. Das war der Ort, den Diana – für was auch immer – ausgewählt hatte.

Mir war auch gar nicht mehr kalt. Ganz im Gegenteil! Ein warmer Strom durchflutete meinen gebeutelten Körper. Ein Strom, der allein von ihrer Ausstrahlung ständig neue Nahrung erhielt und mich allmählich zu verzehren drohte. Die mit einem Mal so sengende Sonne tat ihr Übriges. Meine Sachen waren längst trocken. Aber auch meine Kehle schien wie ausgedörrt.

Diana führte mich bis zu einer Gruppe junger Birken, deren helle Stämme im Sonnenlicht leuchteten. Im Schatten der spärlichen Kronen ließen wir uns nieder. Ich setzte mich zwar ganz artig neben sie, harrte aber mit zunehmender Ungeduld der Dinge, die da einfach kommen mussten.

Doch es geschah nichts. Sie streckte sich lediglich aus, dehnte behaglich die Glieder und reckte die niedliche Nase in die Sonne.

Ich packte mich neben sie, drehte mich auf den Bauch, rammte die Ellenbogen ins Gras und legte mein Kinn auf die gekreuzten Handrücken. So konnte ich sie in aller Ruhe betrachten.

Da sie die Augen geschlossen hielt, vermochte ich dies mit ziemlicher Dreistigkeit zu tun. Aber je länger meine Blicke ihre Züge in sich aufnahmen, umso andächtiger wurde mein Empfinden.

Und auf einmal war mir, als hätte ich dieses Gesicht schon irgendwo gesehen. Wo mochte das gewesen sein? Wer in meinem Bekanntenkreis sah ihr ähnlich? Ich war mir auf einmal ganz sicher, dieses Gesicht zu kennen und es trotzdem zum ersten Mal richtig zu sehen. Merkwürdig.

Ganz vorsichtig versuchte ich ihr mögliches Alter zu taxieren. Die kurzen Haare und der jugendlich frische Teint ließen sie vielleicht jünger aussehen, als sie tatsächlich sein mochte. Und da entdeckte ich auch die winzigen Fältchen um ihre Mundwinkel und neben den Nasenflügeln. Auch auf der Stirn war ein häufiges Krausen nicht ganz ohne dauernde Spuren geblieben. Doch gerade die Entdeckung dieses fast unmerklichen Hinweises darauf, dass sie die Dreißig längst überschritten haben mochte, machte sie für mich noch anziehender. Göttinnen altern nicht! Also konnte sie auch keine sein.

Aber was war sie dann?

Ich kam nicht dazu, weiter darüber nachzugrübeln, denn plötzlich öffneten sich ihre Augen. Wieder kreuzten sich unsere Blicke – doch diesmal viel intensiver.

Mit etwas Erfahrung kann man sehr viel über einen Menschen allein aus seinen Augen erkennen. Was ich jetzt sah, verwirrte mich zutiefst. Ich las Fragen, die zugleich Antworten waren. Ich entdeckte mit kühler Distanz gepaarte Leidenschaft, spürte innig warmes Entgegenkommen, aber auch prüfendes Zögern. Da reflektierten ungemein kühne Gedanken im blind gewordenem Spiegel einer unerklärlichen Resignation.

Kurz - ich blickte in eine ungemein leidenschaftliche Seele, die sich aber selbst zu zügeln vermochte.

Auch ich fühlte mich sonderbar aufgewühlt und zurückhaltend zugleich.

Als sie den Blick endlich löste und die Hand wie zufällig zur Stirn führte, wagte ich es, diese Hand aufzuhalten und fest an mein glühendes Gesicht zu pressen. Ich empfand die von ihr ausgehende Kühle als wohltuend, durfte aber obendrein feststellen, dass diese frostige Hand sich nun spürbar erwärmte. Ihr Gesicht wirkte entspannt. Das Lächeln vertiefte sich und aus den Augen sprach auf einmal eine wunderbare Zärtlichkeit, die sich direkt auf das Spiel ihrer Finger in meiner Hand zu übertragen schien. Eine heiße Welle durchflutete mich. Und trotzdem – ein nicht zu definierendes Gefühl hinderte mich, mehr zu tun, als nur erfreut dieses Streicheln der Fingerkuppen in mich auf-zunehmen.

War sie dafür extra von ihrem Sockel gestiegen?

‚Meine Göttin, merkst du nicht, wie verrückt ich nach dir bin? Du hast dich zu mir herab begeben, um mich mit deiner wunderbaren Erscheinung und deinen tiefen Blicken zu verzaubern. Nun lass uns diesen Zaubertrank bis zur Neige leeren!'

So hatte ich eben noch in Gedanken zu ihr gebetet, aber ich brachte keinen einzigen Laut über die Lippen. Wo waren die vielen Worte geblieben, die ich sonst bei derartigen Gelegenheiten so schnell und locker parat hatte? Wo war er hin, der Mut zum ersten Schritt?

Ich verstand die Welt nicht mehr. Da lag ich nun neben einer wunderschönen Frau, die mir durch ihre Blicke recht deutlich zu verstehen gegeben hatte, dass sie...

Dass sie was?

Sollte ich sie missverstanden haben? Ich schluckte krampfhaft und ergab mich dieser ungewohnten Zurückhaltung, schaltet aber alle Sensoren auf Empfang, achtete auf die kleinste ihrer Reaktionen – stets bereit, bei dem gerings-

ten Entgegenkommen, mit ganzer Leidenschaft darauf ein-
zugehen.

Aber da war ja noch ihre Hand, die sie mir so bereitwillig
überlassen hatte.

‚Reden – nicht mit Worten, sondern mit den Spitzen der
Finger‘, dachte ich.

Und sie verstand diese Sprache. Ach was hieß hier ver-
stehen! Sie teilte sich mit! Und einmal in Gang gesetzt, er-
goss sich über unsere Hände ein Strom von Informationen,
wie ich es nie für möglich gehalten hätte.

Nun ja – aber letztlich stellt ein solcher Austausch, auch
wenn er sich noch so intensiv gestaltet, eben doch nur eine
bescheidene Vorstufe für das dar, was dann eigentlich
kommen soll, ja - bei so viel handsignalisiertem Einver-
ständnis einfach kommen muss!

Aber nein. Selbst winzige und noch so schüchterne Ver-
suche, das Spiel der Hände weiter auszudehnen, wurden
zärtlich aber konsequent unterbunden.

„Mehr kann ich dir nicht geben", flüsterte sie. Und einer
Reaktion meinerseits vorgreifend, setzte sie hinzu: „Frage
nicht warum."

Und auf einmal schoss aus ihrer Hand eine wahre Flut
von Gefühlen, die ich, obwohl sie mir unbekannt waren, so-
fort verstand und gierig aufsog. Ich spürte plötzlich, dass da
etwas in mir war – irgendetwas, das bisher brach gelegen
hatte und dessen ungenutzt leerer Raum nun in einer wun-
dersamen Weise bis zum Bersten gefüllt wurde.

Gab es wirklich so etwas wie eine Liebe, die der körperli-
chen Erfüllung nicht bedurfte? Vermochte man wirklich so
viel Glück buchstäblich und im wahrsten Sinne des Wortes,
aus den Fingern zu saugen? Konnte man damit tatsächlich
zufrieden – ja, sogar glücklich werden? In diesem Augen-
blick war ich fest davon überzeugt.

Lasst Empfindungen sprechen!

Und das tat ich nach Kräften. Doch welch ein Unterschied zu ihr! Was da herüber kam, konnte gar nicht so schnell und vollständig aufgenommen werden. Ich meinte zu spüren, wie sich ein gigantischer Strom von beglückenden Gefühlen bis in den letzten Winkel meiner Seele ergoss.

„Wahnsinn!", stöhnte ich und fasste ihre Hand noch fester. Und mit einem Mal bekam ich furchtbare Angst vor dem Augenblick, wo ich sie loslassen müsste.

Es gibt Dinge, die kann man einfach nicht beschreiben. Selbst, wenn man es könnte, würden es Unbeteiligte nicht begreifen. Und das, was mir da auf der herrlich blühenden Wiese widerfuhr, gehört zu diesen unbeschreiblichen Dingen. Sollte es eine Liebe geben, die anders ist, als das, was man allgemein darunter versteht, dann habe ich etwas von ihrem betörenden Hauch verspürt.

Als der Strom allmählich abebbte, fühlte ich mich unsagbar glücklich und in einer Art und Weise entspannt, wie man es nur verstehen kann, wenn man es in eben dieser Form erlebt hat.

Unsere Hände lösten sich. Wir schauten uns an und lächelten uns zu. Ich hob den Kopf, blickte dankbar in ihre Augen und fühlte mich unsagbar zufrieden. Meine Finger strichen ganz sacht über ihr Gesicht.

Während ich darüber nachsann, ob es nunmehr angemessen sei, ihre schmalen und jetzt leicht geöffneten Lippen zu küssen, begann ihr Antlitz unscharf zu werden.

Was war mit meinen Augen los? Ich riss sie unnatürlich weit auf und blickte kurz prüfend in die Landschaft. Die Wiese mit ihrem zarten Blütenteppich präsentierte sich nach wie vor in aller Deutlichkeit. Aber Diana? Was geschah mit ihrem Gesicht?

Eine wahnsinnige Angst ergriff mich, als ich zusehen musste, wie es unmittelbar vor mir, zu einem fahl verblichenen Fleck verkam. Und dann verschwand es ganz. Meine Hand, die eben noch sanft ihre Wange gestreichelt hatte, griff ins Leere.

„Diana! Was ist das?!", schrie ich auf und wurde von kaltem Entsetzen geschüttelt.

Meine Finger verkrampften sich verzweifelt in ihren Haaren. Doch als ich hin sah, bemerkte ich, dass es nur Grasbüschel waren.

Stöhnend tastete ich den Boden um mich herum ab. Umsonst! Diana blieb verschwunden. Sie hatte sich buchstäblich in Nichts aufgelöst. Einfach so.

Nur ein wenig von ihrem Duft hing noch zwischen den Grashalmen. Und ihre Hand - sie glaubte ich noch deutlich zu spüren. Ganz sanft berührte sie meinen Oberarm.

„Heh, wachen Sie auf! Der Referent hat schon ein paar Mal ungnädig herüber geschielt!", hörte ich ihre Stimme aus weiter Ferne.

Referent?

Ich streckte den Nacken, blinzelte ungläubig und versuchte mich zu orientieren. Schließlich begriff ich.

Mein Kopf lag auf den Unterarmen und diese wiederum auf einer harten Tischplatte.

‚Schade – alles nur ein Traum', dachte ich wehmütig und hatte immer noch Dianas strahlendes Bild vor Augen. Nur widerwillig kehrte ich in die Wirklichkeit zurück.

Teufel, da hatte ich doch tatsächlich mitten im Weiterbildungsseminar gepennt. Mein Gott – wie peinlich!

Ich hob den Kopf und versuchte meine Traurigkeit abzuschütteln. Noch immer im Traum gefangen, rieb ich mir die Müdigkeit aus den Klüsen, und als ich wieder einigermaßen klar gucken konnte, schaute ich dankbar zu meiner Nachbarin hinüber.

„Habe ich lange geschlafen?", murmelte ich.

„Och, höchstens ein paar Minuten", hörte ich sie flüstern.
‚Ein paar Minuten', dachte ich und fühlte, wie eine tiefe Schwermut mich beschlich.

Waren das wirklich nur wenige Augenblicke gewesen? Diana – eben doch nur eine wunderschöne Illusion! Wie kam es aber, dass ich noch immer von ihrem Duft umfangen war?

„Möchten Sie ein Kaubonbon? Das hält munter!"

Die nette Kursantin schob mir die kleine Packung herüber. Als ich die Frau ansah, bemerkte ich ihr feines Lächeln.

„Diana!"

„Wie bitte? Ich heiße Juliane!"

„Entschuldigung, ich hatte da eben einen Traum, da..."

Zum Glück fragte sie nicht weiter. Nur das Lächeln vertiefte sich, und ich vermochte meinen Blick einfach nicht von ihrem Gesicht zu lösen.

War denn das möglich? Aber ja! Wie Schuppen fiel es mir von den Augen. Von ihr, nur von ihr hatte ich geträumt!

Das machte mich einerseits verlegen und andererseits unglaublich froh. Hatten die heimlichen Gefühle, die ich für meine Banknachbarin tatsächlich schon seit einigen Tagen wohl mehr unbewusst hegte, bereits so von mir Besitz ergriffen, dass ich diese Frau in meine Träume einschloss? Jetzt wusste ich, warum mir Diana so bekannt vorgekommen war.

Juliane lächelte immer noch. Und weil sie bemerkte, wie ich sie anstarrte, wandte sie langsam den Kopf und strahlte mich plötzlich an. Oh, diesen Blick aus den tiefgründigen Blauaugen kannte ich! War ich ihm doch soeben erst im Traum begegnet. Er schien nicht mehr und nicht weniger als der Dianas zu versprechen.

In diesem Moment glaubte ich zu wissen, auch Juliane war gerade im Begriff, von ihrem Sockel herab zu steigen. Es gibt also Träume, die wahr werden können? Ganz sicher!

Ich schob mir fast zeitlupenartig den Bonbon in den Mund. Mochte die Bewegung auch träge wirken, der Geist war hellwach. Vorsichtig schob ich das Päckchen zurück. Als sie es nahm, begegneten sich unsere Hände.

Ein winziger Druck.

„Diana-Juliane, ich liebe dich!", hieß das.

„Ich mag dich auch", morste sie gefühlvoll zurück.

Dann huschten die Hände unter dem argwöhnischen Blick eines Kommilitonen auseinander. Es herrschte Funkstille. Aber der Kontakt war aufgenommen. In diesem Moment wünschte ich mir nichts sehnlicher, als dass er nie mehr abreißen möge.

Zeitfracht Medien GmbH
Ferdinand-Jühlke-Straße 7
99095 Erfurt, Deutschland
produktsicherheit@kolibri360.de